创业管理

商业模式 ➕ 财税筹划 ➕ 人事管理 ➕ 资本运作

隋建勋 ◎ 著

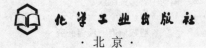

化学工业出版社

·北京·

内容简介

随着时代的发展，越来越多的市场被人们开拓出来，越来越多的人希望自己能够成为开拓某一市场的先锋。很多人怀揣创业梦，希望自己的企业有朝一日能够成为行业龙头。但创业并非易事，仅凭一腔热血终究难成大事。无论是创业之初所需的资金、技术、人才，还是企业发展过程中遇到的融资、投资、上市等问题，都深深困扰着创业者。

基于此，《创业管理：商业模式＋财税筹划＋人事管理＋资本运作》对创业过程中的商业模式、财税筹划、人事管理和资本运作4大问题进行了深入解读。通过阅读本书，希望读者能够掌握与创业相关的各种方法论，并将其真正应用到创业实践中。

图书在版编目（CIP）数据

创业管理：商业模式+财税筹划+人事管理+资本运作/隋建勋
著. —北京：化学工业出版社，2023.6
ISBN 978-7-122-43207-0

Ⅰ.①创⋯　Ⅱ.①隋⋯　Ⅲ.①创业-企业管理　Ⅳ.①F272.2

中国国家版本馆CIP数据核字（2023）第061136号

....

责任编辑：刘　丹　夏明慧
责任校对：王鹏飞
装帧设计：王晓宇

....

出版发行：化学工业出版社
　　　　　（北京市东城区青年湖南街13号　邮政编码100011）
印　　刷：北京云浩印刷有限责任公司
装　　订：三河市振勇印装有限公司
710mm×1000mm　1/16　印张13$\frac{1}{2}$　字数168千字
2023年8月北京第1版第1次印刷

....

购书咨询：010-64518888
售后服务：010-64518899
网　　址：http://www.cip.com.cn
凡购买本书，如有缺损质量问题，本社销售中心负责调换。

....

定　　价：68.00元　　　　　　　　版权所有　违者必究

在浩浩荡荡的创业大军中，能够取得成功的人只是少数。尽管大家都有着满腔热忱，但只有掌握创业方法的人，才能到达成功的彼岸。

创业过程中的困难不胜枚举，如资金短缺、生产设备老旧、竞争对手大打价格战、找不到投资人、员工频频离职等，即使创业者熬过了创业初期，在经营企业过程中也可能会由于缺乏经验而掉入陷阱。这都是因为创业者初入"江湖"，不了解创业所涉及的各方面问题所致。

基于以上问题，本书从4大模块入手，对创业过程中可能出现的问题进行讲解，并结合具体案例，使讲解更通俗易懂。

首先，对商业模式进行讲解。商业模式是企业的顶层设计，决定着企业未来的发展方向。很多创业者认为，商业模式是一个空泛的概念，没有实际内容。本书对商业模式的相关知识进行详细拆解，让创业者对其有具体而清晰的认知。

其次，对财税筹划进行讲解。财税是每个企业都绕不开的问题。从企业的财务管理到依法纳税，再到各种税收优惠政策，本书将从各个角度为创业者讲解究竟该如何合法地降低财税成本。

再次，对人事管理进行讲解。管理企业实际上就是管理人，员工的工作状态影响着整个企业的运行效率。本书将从员工招聘、培训、考核，以及管理制度、薪酬体系等方面入手进行详细讲解，使企业高效运转。

最后，对资本运作进行讲解。企业的发展壮大离不开资本的参与，但资本市场危机四伏。本书将从融资、投资、上市等环节，以及搭建资本架构、实现利润倍增等方面，向创业者讲解究竟该怎样避开相关风险，使企业顺利发展壮大。

总而言之，无论是创业新手，还是企业已经走上正轨的管理者，都能够从本书中获取自己需要的知识。

编著者

第一篇
商业模式

第二篇
财税筹划

第四篇
资本运作

第16章 上市：永恒不变的创业终极目标   189

1

商 业 模 式

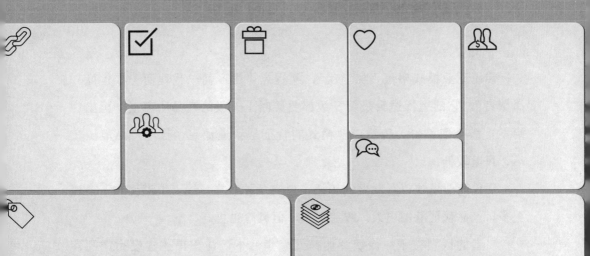

第 **1** 章

顶层设计：你是否了解商业模式

很多创业者认为，商业模式无非就是"我生产产品，然后把它卖出去"，实际上并非如此。商业模式是企业与企业、企业与用户、企业与渠道之间的一种连接关系，它会随着市场的变化而变化，同时在变化之中为企业构建一个相对稳定的发展环境，并不断创造新的价值。

1.1 传统商业模式 vs 现代商业模式

传统商业模式聚焦"买与卖"，流程是"生产商—代理商—零售商—消费者"。它的运行逻辑是每一级都要买断上一级的产品所有权，再出售给下一级赚取差价。传统商业模式的特征是渠道稳定、代理产品范围较小、风险较低。

现代商业模式以互联网为依托，渠道多种多样，线上渠道比线下渠道更多，产品代理范围更大，收益更多，但风险也更高。

二者的区别在于：传统商业模式聚焦线下，注重渠道建设和产品营销，重视权威机构对产品的认证，但会忽略售后服务、产品质量等问题；现代商业模式依托互联网，打破了时空限制，渠道的广度和深度都有很大突破，更加重视消费者的购买体验和产品质量，倾向于打造个性化的产品。

二者的联系在于：现代商业模式是在传统商业模式的基础上构建的，打破了传统商业模式渠道单一、信息资源不对称的壁垒，促使传统行业注重产品质量，使企业更快、更好地完成转型。

1.2 打造差异化：人无我有，人有我新

商业模式是能够被复制的，那么创业者应该如何避免商业模式被别人复制？答案是打造差异化，即人无我有，人有我新。创业者要确保自己的商业模式具有差异性，并且一直对商业模式进行优化，使商业模式能够一直满足用户与市场的个性化需求。而要想打造差异化的商业模式，企业的核心能力就要得到提升。

首先，初创企业的业务要具有专一性。需要注意的是，专一不代表单一，是指企业在某一领域或某一业务上能够实现深度拓展。例如，隆力奇成立多年以来，始终在日化领域开展业务，集研发、生产、销售于一体，产品种类丰富，护手霜、面霜、花露水等都是享誉多年的经典产品。正是因为业务具有专一性，隆力奇比其他竞争对手发展得更好。很多企业模仿隆力奇打造集"研产销"于一体的商业模式，但始终不得要领，最终只得悻悻收场。

其次，初创企业要具有创新能力。一般情况下，初创企业的创始人和团队对某一领域有独到见解，而且拥有一些核心技术。如果通过不断创新

拥有某些技术的专利，就能够在相当长的一段时间内获得利润并保持优势。创新会使企业更具技术优势，从而产生人员优势、成本优势，在降本增效方面起到显著作用。

最后，初创企业要注重与市场的连接。无论是哪种商业模式，产品的最终归宿都是市场，没有市场就不会有交易活动。企业可以通过各种方法找到目标用户，但是目标用户的需求并非一成不变。例如，某用户想要购买一款新手机，当他的这一需求被满足后，他的新需求就是购买手机壳、手机膜等配件。因此，企业完全可以推出买手机送配件的套餐产品。如果不进行市场调查，不注重与市场的连接，用户的需求就难以被满足。这样即使企业投入再多资金，也很难看到成效。

创业者在打造差异化商业模式时，不要一味追求与众不同，只要自己的商业模式与他人的有一点相似，就全盘推翻重构。这样不仅成本高，还有可能引发一系列风险。创业者要保证自己的商业模式具有差异性，保持自己的优势，展现企业更高的价值。

1.3 商业核心变革：地理位置→流量→用户

商业核心的变革实际上是时代变化的缩影。

在实体经济时代，地理位置是企业能否取得竞争优势的关键。例如，A企业与B企业的主营业务都是海鲜加工，但A企业处于沿海城市，B企业处于内陆城市。A企业获得原材料的成本低廉，所以它售出的价格有优势，而B企业获取原材料的成本较高，为了获得利润，需要在保本的基础上提高售价。当消费者面对两种品质相近、价格却有较大差距的产品时，他们当然更倾向于便宜的那种。久而久之，B企业只能转型或解散。

而在互联网时代，流量就是一切，流量为企业带来客户。如果某件产品的成交率为30%，A企业每天的客流量是100人次，B企业每天的客流量是1000人次，那么B企业的业绩自然好于A企业。

在后互联网时代，几乎每位创业者都懂得流量的重要性，也正因为如此，获取流量的成本越来越高，企业的成本增加，市场竞争日益激烈。

用户才是产品的最终所有者，如果用户体验不好、对产品不感兴趣，那么无论创业者购买多少流量，成交率都不会提高。创业者要形成以用户为导向的思维，这是打造商业模式的关键。

那么创业者究竟应该如何提升用户体验呢？具体而言，创业者可以利用用户行为地图和思维发散图分析用户触点。用户行为地图是一种分析方法，创业者可以利用用户行为地图对用户认识、了解、购买产品，享受服务的整个过程进行分析，包括用户是如何接触产品的、用户基于何种需求接触产品等。这些关键环节被拆分得越细，用户行为地图就越精准。创业者还要借助思维发散图寻找用户在每一个环节的触点，最终得出结论。

1.4 商业模式关键词：壁垒+盈利+资源

打造商业模式的理念与初衷有很多种，但都绕不开壁垒、盈利、资源这3个关键词。把握好这3个关键词，创业者就能对商业模式有一个初步的认识。

1. 壁垒

很多创业者只致力十将商业模式打造得更加完美，却忽略了商业模式有可能会被竞争对手复制这一风险。所以创业者一定要给商业模式构建壁垒，让竞争对手难以复制自己的商业模式。除此之外，壁垒还有促使用户做出购买决策的作用。

一般情况下，壁垒主要体现在产品技术和资源整合方面，例如，某产品获得了技术专利，某产品拥有研究院的授权书等。一些企业将价格或利润作为壁垒，例如，降低利润率，在价格上体现自己的优势，从而提升销量。

2.盈利

企业是为实现经济目标而设立的组织，所以在打造商业模式时对盈利模式进行设计必不可少。盈利点有显性和隐性两种。一般来说，用户的刚需即为产品的显性盈利点，而改善性需求则为隐性盈利点。例如，用户需要平板电脑学习绘画，那么平板电脑的绘画功能就是用户的刚需，即显性盈利点；绘画需要相应的电容笔，那么电容笔就是用户的改善性需求，即隐性盈利点。

3.资源

所有商业模式都需要关键资源，关键资源包括实物资源、知识资源、人力资源和金融资源。

实物资源也被称为实物资产，是指看得见、摸得着的资源，如房屋、场地、生产设备等。

知识资源指的是品牌、IP、专利、版权等不能被直观看到的资源，它们能够为企业带来持续的高额利润。知识资源需要慢慢积累才会有成效。

人力资源指的是优秀的创业团队和员工。任何一家企业都需要人力资源。团队中的每一个人都要时刻保持警惕，不要让自己成为一个能够被替换、可有可无的人。

金融资源主要指现金、股票期权等。金融资源是企业中比较核心的资源，拥有大量的金融资源，企业的长久发展才有保障。

1.5　打造商业模式的5个步骤

企业打造自己的商业模式需要经过以下5个步骤。

1. 准备——蓝图描绘

在正式打造自己的商业模式之前，创业者首先要做好准备工作，例如，确定商业模式的目标、确定团队成员名单、深入了解行业发展前景、描述竞争对手的商业模式等。在打造商业模式前期，创业者容易过于乐观，高估自己的能力，所以准备工作的作用一方面是使创业者提前做好相关规划，知己知彼，另一方面是促使创业者时刻保持清醒。

2. 理解——模式洞见

这一步主要是具体研究打造自己想要的商业模式所需的元素。做好前期的准备工作后，创业者就要对市场环境进行深入分析。创业者可以通过问卷调查、咨询专家等方法收集信息，根据已知信息，利用发散思维思考自己的商业模式以及竞争对手的商业模式存在哪些痛点和盲点，以及可以从哪些方面入手颠覆传统商业模式。

3.构造——方案设计

当创业者掌握了打造商业模式所需的关键元素后，就可以对其进行整合。创业者可以从不同的角度出发，对关键元素进行排列组合，从而设计出一些可以落地的、创新的方案。

开展这一步时，企业中各部门的员工都可以参与其中，这样能够从不同视角审视商业模式的合理性。但需要注意的是，创业者不要提前在心中对各个方案进行评分，也不要打压或吹捧某个方案，创业者一定要秉持大胆、创新、客观的理念。

4.实施——方案落地

在此步骤中，创业者可以对每种方案都进行小范围尝试，从而根据各种方案的表现，确定最终能够落地的方案。这一步要求创业者要具有能够快速优化商业模式的能力。创业者可能觉得每种方案的效果都大同小异，并因此大受打击。其实这是一个不断摸索的过程，创业者要保持良好的心态，对各种结果都要有心理预期，并能够在最短的时间内对商业模式的不合理之处进行调整，从而推动商业模式不断升级，满足企业的发展需求。一旦确定了最终落地的方案，创业者就要确定各个阶段的目标、项目进程等内容。

5.管理——反馈调整

确定了一个商业模式后，在以后相当长的一段时间里，企业都将采用这一商业模式。但市场在不断变化，如果为了适应市场变化而推翻原有的商业模式，重构新的商业模式，那将会耗费极为高昂的成本。为了适应不断变化的市场，创业者要对商业模式进行管理，并根据市场反馈对商业模式进行适当调整。而调整要有依据，因此创业者要不断地评估现有商业模式、审视市场环境，预测现有商业模式在未来发展中会遇到哪些困难，由此对商业模式不断优化。

1.6　可复制能力：他人的强项也可以是你的强项

商业模式能够被复制吗？答案是可以。但创业者要知道商业模式中能够被复制的内容有哪些，这样才能够提高自己的复制能力。

商业模式实际上是解决从0到1问题的方案，而复制则是从1到N的过程。创业者可以从3个维度来分析复制的内在逻辑。

（1）单个用户的从1到N。单个用户的复购由购买频次决定。例如，使用飞利浦电动剃须刀的用户和使用穆乐手动剃须刀的用户，复购频次完全不同。电动剃须刀的刀头寿命可长达三五年，而手动剃须刀的泡沫、刀片等配件都需要频繁购买。

（2）用户群体的从1到N。创业者能否实现用户从1到N的增长，取决于用户群体的大小以及产品、服务的标准化程度。用户群体越大，复制成功的概率越高。产品的标准化很容易实现，只需要设置相同的出厂标准即可。但服务的标准化难以实现，例如，很多火锅店想学习海底捞的服务模式，但始终做不到标准化培训。

（3）需求的从1到N。只要用户有第一个需求，就代表着他还有第二个、第三个，甚至更多需求。将满足用户第一个需求的模式复制到满足其第二个、第三个需求上的成功率高低，取决于用户场景是否具有广泛性、产品是否具有经济性。例如，微信的用户场景非常广泛，包括沟通、会议、购物等各种场景，而且是微信本身的服务，用户无须额外付费购买。所以由微信衍生出的一系列 App 都在复制微信的商业模式。

1.7 初创企业资金不多，如何"撬动"大生意

大多数初创企业的资金都十分有限，这导致有时创业者只能眼睁睁地看着一些好机会流失。如果创业者在企业发展初期不能把握住好的机会，那么会对后续的发展产生很大的不利影响。在企业发展初期，创业者应如何利用有限的资金"撬动"大生意呢？

1.寻找资源

寻找资源即寻找关键资源，主要是资金和用户。创业者可以通过亲友或机构寻找天使投资人，获得自己的第一笔融资，进而挖掘自己的第一桶金。

至于用户资源，首批种子用户是最重要的。一般来说，首批种子用户是创业者已经拥有的资源，或者是创业者亲自找到的资源。首批种子用户就像创业者亲自开辟的第一片试验田，在这里，企业的商业模式的合理性、产品质量的好坏、产品与市场的匹配度等都能得到验证。创业者要重视首批种子用户的反馈，对数据进行提炼，对商业模式、产品质量等进行优化。

2.广纳人才

所有成功的事业都是一群志同道合的人共同奋斗的结果。创业者的能力再强，也无法兼顾企业经营的所有事项，因此对于创业者来说，有一个

志同道合的团队很重要。创业者的人格魅力是吸引合作伙伴的关键，除此之外，创业者还可以对合作伙伴进行股权激励，将合作伙伴的利益与企业的利益捆绑在一起，激发其不断努力，为企业发展做出贡献。

3.把握控制权

有了资源和团队后，很多创业者为了推动企业进入高速发展期，便开始大肆放权，认为自己可以做一个高枕无忧的"甩手掌柜"了。实际上，这非常不利于企业业务的开展。创业者给投资人股权，最终导致自己丧失对企业的控制权的案例很多。创业者一定要牢牢把握企业的控制权，有时候宁可拒绝一笔投资，也不要将自己的控制权交出去。

第2章 分类：优秀商业模式大盘点

商业模式的种类很多，如果企业想要提升自己的市场竞争力，就要选择一套适合自身的、科学的商业模式。如果没有优秀的商业模式为企业的发展提供支撑，那么企业的良好经营终究是昙花一现。一个优秀的商业模式能够助力企业可持续发展，提升企业的盈利能力，增加企业的资产，促使企业打造出属于自己的品牌。

2.1 连锁模式：用统一模式做规模化经营

连锁模式是指经营同类产品或提供同类服务的多个企业组成一个联合体，在整体规划下进行细致分工，实施模块化管理，减少管理成本，实现规模效益。

模块化管理即将企业的业务整合为多个模块，并明确不同模块的负责人及主要业务。模块化管理能够将创业者从繁忙的管理工作中解放出来，实现人力资源的合理分配，也能够实现企业业务和管理模式的可复制性。

创业企业在扩大规模的过程中，必然会经历部门化这一过程。部门化是模块化的基础，实现了部门化，各个业务部门明确了负责人，每个负责人带领组员完成部门具体业务，企业就初步建立了模块化格局。但实现了部门化后，在企业层面还没有一个系统的、将各模块合为一体的方案，因此创业者要进一步明确各负责人的职责以及各部门的规划。

在实现了部门化后，企业的管理模式一般如下图所示。

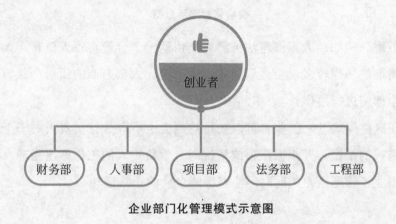

企业部门化管理模式示意图

在这种模式下，创业者需要同时管理诸多部门。如果采用这种模式，管理的效率是极高的，没有中间沟通的环节，创业者能够贴近最底层业务单元。但这种管理模式会导致创业者十分繁忙，每个部门中的大事小情都需要创业者做决策。在这种模式下，创业者很难有时间去考虑企业未来的发展或参与其他社会活动。

在企业实现了部门化的基础上，创业者可以将不同的部门划分成不同的模块，同时确定好不同模块的负责人。这些负责人能够分担创业者的管理压力，将创业者从繁杂的管理事务中解放出来，如下页图所示。

创业者可以指定几个分管负责人，让其分别管理一个或几个部门，以减轻自己的负担。分管负责人所负责的部门按照协作情况进行分类，将经常需要协作的部门交由同一个分管负责人负责，以便降低沟通成本，提高

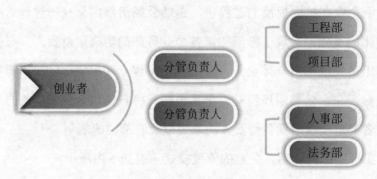

模块化管理示意图

协作效率。例如，人事部与法务部可交由同一个分管负责人负责，人事部与法务部的协作较多，企业管理制度的制定、人事方面的纠纷仲裁等都需要两个部门进行协作。

在这种模式下，创业者可以在每月例会上听取分管负责人对于上个月工作情况的汇报，并根据汇报的情况对分管负责人的工作做出指导。这在减轻创业者管理压力的同时，能够保障企业的正常运转。

2.2 免费模式：借助增值服务实现盈利

企业初入市场时，常常会采用免费的模式进行产品宣传，以达到迅速抢占市场份额的目的。免费模式包括完全免费、限制免费、捆绑式免费等。

1.完全免费

免费模式的一种常见类型是产品完全免费。通俗地说，就是在产品的整个售卖过程中，产品的购买、使用和售后等所有环节都是免费的。这种模式并非不盈利，而是借助其他的服务或者第三方获利。

例如，现在互联网上有诸多不同大小的网站，用户可以免费浏览这些网站，从中免费获得自己想要的信息和相关服务。而网站允许第三方，即广告主在网站上发布广告，网站可以获得广告宣传费用。这是当下许多网站的盈利模式。

2.限制免费

限制免费指的是对产品按照一定的条件进行有限制的免费销售。一般来说，限制免费包括3种，即时间限制、特征限制、用户数量限制。

时间限制指的是以时间作为限制条件的营销方式，例如，"限时免费""5天内限免"等营销活动都属于时间限制。特征限制是指对产品进行划分，将一部分产品进行免费销售，例如，在手机应用主题中，一些简单、基础的主题对用户免费开放，而一些精美的主题对用户收费。用户数量限制是指一定数量的用户可以免费购买产品，例如，"前100名用户免费""打进电话的前10名用户可获得免费试用产品的资格"等。

3.捆绑式免费

捆绑式免费是指用户在购买某一产品或者服务时，可以获得附赠的免费的产品或服务，如"买一赠一""买牙膏赠牙刷"等。这样可以使产品获得一定的市场占有率。

商家在售卖主商品时，会将另外的一些小产品作为赠品送出。用户在使用赠品的过程中，能够获得更好的体验，这样用户就有可能将产品推荐给亲朋好友，从而使产品拥有更多潜在顾客。

在实际运营中，企业需要结合自身的实际情况，灵活运用免费模式，以使获得更好的盈利效果。

2.3　全渠道模式：打通销售体系

贝壳找房是我国较大的房地产交易和服务平台，于2020年8月14日在纽交所挂牌上市。脱胎于链家的贝壳找房是如何在短短几年内迅速取得优异的成绩呢？答案是贝壳找房采用了全渠道商业模式，打通了销售体系，为客户从各个渠道提供所需要的房源。

1. 数据化

与其他竞争对手不同，贝壳找房从一开始就引入了专业的技术团队，利用大数据为客户寻找房源，用强调数据的连接替代传统企业强调的"人"的连接，重塑行业生态。

贝壳找房的商业逻辑是实现房地产交易的数据化、线上化。线上化实现更多交互，交互产生更多数据，最终大量的数据产生交易，产生价值。

在以往房地产交易的过程中，中介要完成找房源、找客户、带看房、协助交易、协助办理过户等工作。整个交易过程很烦琐，耗时很长，交易效率很低。

贝壳找房通过技术手段打破现有的壁垒。贝壳找房平台上存在各种从业者，如房源录入者、客源发现者、促成成交者等，不同身份的从业者会从交易中获得属于自己的佣金。

这种将业务流程拆分的模式，能够发挥分工合作的巨大优势，提高交易效率。同时，借助数据线上化，房源和客源越多，双方的匹配成功率越高，从而形成网络效应。

2. 更多的连接

贝壳找房一方面连接行业机构和经纪人，一方面连接房源，实现了多方面的连接、打通。贝壳找房的连接规则是怎样的？又是如何连接新的资源的？事实上，贝壳找房是将拥有客源的互联网巨头和拥有房源的房地产中介连接起来，从而实现买方和卖方的连接。

在双方的连接方面，连接房地产中介是最为困难的。但经过种种努力，贝壳找房最终获得了成功。

贝壳找房制定了完善、透明的中介费分配方案，为加盟店支付一定比例的佣金，吸引了各地中小房地产经纪企业的加盟。随着贝壳找房规模的扩大，其能够在更大范围内匹配资源，交易也更加高效。

在贝壳找房不断发展的过程中，红杉资本、华兴资本、腾讯、经纬中国等纷纷向其投资。资本的看好无疑体现出贝壳找房的价值。

2.4 开放模式：互相配合实现共赢

如果企业能够通过与外界合作，使自身的资源和技术的价值最大限度地发挥出来，获取更多利益，那么企业就适合使用开放型商业模式。

开放型商业模式主要分为由外而内和由内而外两种。两种模式的商业画布如下页两个表所示。

由外而内是指企业尝试外部提供的各种资源，如技术、理念、资金等。有时，来自完全不同行业的外部组织可能会提供有价值的见解、知识、专利或者对内部开发团队来说现成的产品。要借助这些外部知识，企业需要组织专门的业务活动，将外部实体和内部业务流程及研发团队联系在

由外而内的开放型商业模式

重要伙伴	关键业务	价值主张	客户关系	客户细分
创新伙伴 研发社区	能力筛选 网络管理 开拓二级市场	—	—	—
	核心资源		**渠道通路**	
	创新网络使用权		—	
成本结构： 　研发成本外部化			**收入来源：** 　—	

由内而外的开放型商业模式

重要伙伴	关键业务	价值主张	客户关系	客户细分
—		研发成果 闲置知识产权	—	二级市场 获得使用许可者 创新用户
	核心资源		**渠道通路**	
	—		互联网平台	
成本结构： 　—			**收入来源：** 　销售剥离　许可费　副产品	

一起。从外部资源获取的创新需要花费一定成本，但是通过基于外部已创建的知识和高级研究项目基础上的研发，企业可以缩短产品上市时间，并提高内部研发的效率。拥有强势品牌、强大分销渠道和良好客户关系的知名老字号公司，非常适合由外而内的开放型商业模式。这种商业模式可以让它们通过外部资源创新，挖掘现有客户关系的价值。

由内而外是指企业向外部输出闲置的技术或资源。在内部投入大量精力进行研发的企业，通常会产生许多实用化的知识、技术和智力资产。由于明确聚焦在核心业务上，因此一部分本来很有价值的智力资产闲置了下来。这种企业很适合采用由内而外的开放型商业模式。在这种商业模式下，企业允许其他企业利用闲置的内部创意，从而轻松地增加额外收入。

例如，宝洁曾因扩张速度过快而导致股价持续下跌，时任宝洁高管的雷富礼临危受命，成为新任 CEO。为了振兴宝洁，雷富礼建立了一种新型创新文化，即通过建立战略伙伴关系促进企业内部的研发工作。不到 7 年的时间，宝洁与外部合作伙伴联合研发的产品增至研发总量的 50%，研发成本略有提高，但研发生产率提升了 85%。

为实现雷富礼的战略构想，宝洁推出了专门发布企业遇到的研发难题的互联网平台，将企业内外部的技术专家连接起来。如果某位专家成功解决这些问题，就可以获得相应的现金奖励。

与宝洁不同，葛兰素史克选择了由内而外的开放型商业模式。这家企业致力于提升贫穷国家人们的药物获取率。为此，它将研发出的药物专利投入对外开放的专利池中，让每一位研究人员都有机会参与药物研发。由于葛兰素史克主要依靠畅销药物盈利，因此导致了大量病症专利被闲置，这些未被深入研究的专利则被悉数投入专利池中，极大地提升了相关药物的研发速度。

2.5　长尾模式：小额收益也能积少成多

长尾型商业模式的重点在于多种类销售，但每种产品的数量都不多。简而言之，长尾型商业模式以种类多取胜，这样将所有小额销售收益汇总之后也能够积少成多。长尾型商业模式要求少量的产品能及时被有需求的用户获得，因此对库存成本及平台实力有着较高的要求，其商业画布如下页表所示。

长尾型商业模式的特点是提供宽范围的非热销品，这些产品可以与热销品共存。模式可能会建立在用户创造产品的基础上，同时促进这些产品的开发。这种商业模式对于专业的和业余的产品提供者都适用，并创造了一个同时服务用户和生产者的平台。

长尾型商业模式

重要伙伴	关键业务	价值主张	客户关系	客户细分
小众产品提供者 有用户创造的 产品	平台管理 服务提供 平台升级	大范围的小众产品 产品生产工具	—	大量小众用户 小众内容 提供者
	核心资源		**渠道通路**	
	平台		互联网	

成本结构：	收入来源：
平台管理和开发	多种少量的销售

乐高的商业模式就是长尾型商业模式。随着玩具行业竞争加剧，乐高推出了乐高工厂，尝试通过用户创造内容的方式实现销量增长。用户可以通过名为"乐高数码设计师"的软件，利用数以千计的组件自己设计玩具的主题、场景、建筑，甚至玩具套件的外包装也可以由用户自己设计。乐高工厂让每一位用户都可以参与到玩具的设计中，这极大地提高了用户的消费热情。

由于产品多为私人定制，因此每组套件的订货量不多。但对于乐高而言，这种商业模式的意义在于扩展了现有的产品线，这部分收入相较于乐高的销售总额来说不值一提，却对乐高的经营战略产生了重大影响。

实际上，在边界成本忽略不计的情况下，只要企业可以覆盖足够多的存储、流通等渠道，长尾型商业模式就可以与企业的发展战略兼容。除了乐高外，亚马逊、淘宝等电商企业都运用了长尾型商业模式。其单笔交易的金额都不大，但将这些资金累加后，则会形成巨大的营业额。

刚起步的中小型企业不适合直接套用长尾型商业模式，但可以学习其中的逻辑，化为己用。

在没有额外的流量渠道时，企业可以与美团、淘宝等第三方平台或者周边产业合作。例如，许多餐厅与停车场建立了合作关系，在店消费满一定金额就可以获得免费的停车时长。

如果企业想要采用长尾型商业模式，就要丰富业务种类，拓展多元化的盈利渠道。尤其是一些零成本的产品或服务，企业可以持续累加。例如，许多便利商店都有免费代收快递这一增值服务。顾客前来取快递，便与便利商店有了更多的接触，而且有可能消费，这样便利商店就可以在不增加成本的情况下获得额外的营收。

2.6　分拆模式：制定多种业务策略

分拆型商业模式是指将业务拆分为用户关系、产品创新和基础设施3种类型。这3种类型均由经济、竞争和文化规则驱动，如下表所示。三者可以共存，但存在一定的矛盾。

3种业务类型的对应规则

项目	用户关系型	产品创新型	基础设施型
经济规则	关键在于形成范围经济，即从每个用户手中获取较高的份额，从而节省用户开发成本	关键在于速度，即较早地进入市场，从而获得较高的溢价及较多的市场份额	关键在于形成规模经济，即提高产能或降低产品的单位成本
竞争规则	范围之争，即少量的大企业主导市场	能力之争，即大量的小型企业并驱争先	规模之争，即少量的大企业主导市场
文化规则	以用户为核心，坚持"用户第一"的原则	以员工为核心，尊重员工的个性，保护创造性	以成本为核心，坚持产品标准化、生产效率化

拆分后的3种业务类型的商业画布如以下三个表所示。

用户关系型模式

重要伙伴	关键业务	价值主张	用户关系	用户细分
产品＋服务创新基础设施管理	新产品开发老用户维护	高度服务导向	强关系新用户老用户	聚焦用户
	核心资源		**渠道通路**	
	已获取的基础用户		强渠道	
成本结构： 获取用户的高成本			**收入来源：** 高用户份额	

产品创新型模式

重要伙伴	关键业务	价值主张	用户关系	用户细分
—	研发管理吸引人才	产品和服务创新	—	B2B/B2C
	核心资源		**渠道通路**	
	强大的人才资源池		—	
成本结构： 高雇佣成本			**收入来源：** 高溢价	

基础设施型模式

重要伙伴	关键业务	价值主张	用户关系	用户细分
企业业务以及产出专注于提供基础设施服务	基础设施开发及维护	基础设施相关服务	—	B2B用户
	核心资源		**渠道通路**	
	大规模高产量		—	
成本结构： 高固定成本＋高度集中			**收入来源：** 低溢价	

用户关系型模式的目的在于以宽范围的产品创造利润，产品以用户信任为前提，目标是从用户手中获取大的份额，基础用户是核心资源。

产品创新型模式中的一切都围绕理解和服务用户，以建立强有力的用户关系。企业聚焦于研发业务以推出新的产品和服务，创新人才是企业的核心资源，对这些人才的争夺使得成本居高不下。

基础设施型模式的服务对象通常是商业用户，该模式的特征是高固定成本，以规模和产量来摊薄单位成本。

以移动通信行业为例，在移动通信行业的核心资产由网络变为用户的前提下，移动通信行业的业务被分拆，由此逐渐分化出3种不同类型的服务供应商。

在将业务进行分拆后，许多企业将提供用户服务作为自身的核心业务，从而成为一家电信运营商。这类企业在过去通常投入大量资本获取、维持用户，在专注于用户服务后，能快速提升单个用户的贡献率。

还有一些企业致力于产品创新业务，转变为规模较小、具有较强创新性的内容供应商。这类企业通常与第三方平台在游戏、视频、音乐等方面进行合作，瑞典的TAT企业就是其中的典范。这家企业专注于为移动设备提供更高级的界面设计，首部Android手机HTC G1的用户界面就是TAT企业设计的。

还有部分企业将网络运营及维护等基础工作作为自身的核心业务，发展为一家电信设备制造商。这类企业可以同时为多家电信运营商提供服务，形成规模经济，从而以更低的成本进行网络运营，获得更多盈利。

2.7 垂直模式：紧密连接上游与下游

垂直模式是指企业通过延伸产业链，连接产业链的上下游企业，充分挖掘与自身相关的利润蓝海，找到新的利润增长点，获得持续增长的动力。

张某是深圳一家自动化企业的创始人，自2020年以来，他明显觉察到机器人产业的降温。相比于之前工业机器人产业的迅猛发展，2020年以来，机器人产业进入平稳发展阶段。面对竞争日益激烈的红海市场，张某积极寻求新的发展路径，希望能够延伸企业现有产业链，挖掘行业的利润蓝海。

张某整合了企业现有业务，并积极并购了产业链上下游的多家企业。调整之前，这家企业的业务只有编码器的研发和生产，而现在，它围绕编码器向产业链上下游扩展业务，2020年业绩突破2000万元。

2020年下半年，张某的企业成功研发了一款新型编码器。这不仅降低了产品的生产成本，还增强了企业的市场竞争力，实现了利润高增长。

除了自主研发专用芯片外，张某的企业还在产业链下游推出了面向五金行业的机床，这款机床使用的就是该企业自主研发的编码器。

张某说："机床的核心部件是编码器，我们自己研制编码器，不仅质量更有保证，还能够实现自给自足。这意味着我们的市场价是其他厂商的成本价，所以价格优势更加明显。"

通过延伸产业链上下游，张某的企业成功地找到行业的利润蓝海，在同行业的其他企业还在机器人自动化的市场红海中激烈竞争时，它已先人一步，在蓝海中占据了主动权。

在激烈的市场竞争中，企业要想占据优势，不仅需要依赖产品、技术、服务、管理能力、财务水平等要素，还需要在组织战略上具有更强的扩张性与远见。如果一家企业只能在自己熟悉的业务领域纵深挖掘，那么成本只会越来越高。因此，企业不妨跳出思维局限，选择其他市场，开拓新的利润蓝海，不断降低成本，实现高利润率。

2.8　直播带货模式：发挥网红经济的威力

直播带货是电商销售的一种新模式。过去的电商销售模式为消费者提供的产品信息并不完善，消费者收到的产品可能和预想中的有差距，这就导致退换货概率很高，同时消费者也无法在电商购物过程中获得互动体验。

而直播带货的出现解决了这些问题。在观看直播时，消费者可以通过主播对产品一对一的介绍及试用获得更全面的产品信息。例如，在珠宝直播中，主播会根据观众的需求对每一件珠宝首饰进行讲解。这样能够实现主播与消费者之间的实时互动，使消费者获得更好的互动体验。

直播带货的优势具体表现在以下几个方面。

首先，直播带货能够给消费者带来更好的购物体验。直播带货为消费者提供了更全面的产品信息，能够让消费者明确产品功效及产品真实性，在购买过程中消费者可以随时与主播互动。

其次，除了购物需求外，直播带货能够满足消费者更多的需求。直播带货的过程更具趣味性，消费者与主播在直播间中可以建立除买卖关系外的其他关系，消费者的娱乐需求、社交需求等都可以得到很好的满足。

最后，直播带货能够显著提升产品销量。在直播带货的过程中，主播能够随时为众多的消费者解惑，能够提高解决问题的效率，从而有效提高消费者下单的效率，提升产品销量。

直播带货能够实现主播与消费者的实时互动，这不仅提升了消费者的购物体验，满足了消费者多样的需求，还有效提高了产品销售的效率和产品销量。

2.9 会员模式：以社群为基础打造销售新路径

消费者对会员模式并不陌生，无论是在线下实体店，还是在线上旗舰店，消费者几乎都可以办理会员卡，享受会员折扣。随着互联网经济的发展，直播带货兴起，私域流量和社群的出现使会员模式有了新的呈现形式。如今的会员模式大多以社群为基础，以社交形式进行销售，通过粉丝裂变来售卖产品。可以说，社群已经成了会员模式的一大核心要素。

社群是人们基于一定的联系而建立的小范围团体。社群中的成员由相同的价值观凝聚在一起，可以在社群中进行思想交流和讨论。

建立在社群之上的会员模式具有以下3个特征。

1. 相同或相近的需求是会员模式的基础

社群是会员模式的载体，是企业向各位会员传达信息、提供优惠的最为便利的渠道。会员具有相同或相近的需求是会员模式的基础，价值观能够赋予社群个性化的标签。会员之间可以分享行业前沿知识、推荐优质产品或探讨心得体会，这些活动顺利开展都是以社群的稳定存在为前提的。每一个进入社群的会员都是企业产品的使用者，他们曾因为某些需求购买企业的产品，所以相同或相近的需求是会员模式的基础。

2.增强会员与企业之间的联系

社群实际上就是会员与企业增强联系的纽带。正是因为有了社群，会员对产品的反馈、建议才可以直接传达给企业。如果会员与企业之间的联系很强，会员就有归属感，他们就有可能自发地为产品宣传，使产品触达更多消费者。

3.交易让会员模式价值最大化

只有进行交易，社群才能获得可持续发展，交易需要按照一定的规则进行，否则会扰乱社群的市场环境，不利于社群的深入发展。

会员模式更是如此，衡量会员模式成功与否的标准之一是产品销售额。交易能够将产品转化为销售额，使企业获得收益。所以，交易能够使会员模式的价值最大化。

第**3**章 精准定位：争夺用户的心智资源

企业与用户建立关系的载体是产品。企业生产产品，用户购买产品以满足自己的需求，因此企业的关注点不能只聚焦在用户身上，还要关注产品。产品的功能、特性、外观等是否满足用户的需求，直接影响着用户的购买意愿。因此，企业要根据用户需求生产产品，尽最大可能满足目标用户群体的需求。

3.1 定位核心：挖掘尚未被满足的需求

企业经营的目的都是盈利，而为用户提供能够满足他们需求的产品或服务是实现盈利的途径。当产品提供的解决方案与用户需求相匹配时，产品就能够为用户提供价值。

创业者的创业方向有两个：一个是进入竞争激烈的"用户需求已被满足"的市场，对产品做进一步的优化；另一个是挖掘用户尚未被满足的需求，开拓蓝海市场。

有些创业者在创业初期会犯一个错误，即凭空想象用户需求。创业者主观想象出来的这个需求未必真的是用户的实际需求。

例如，一位创业者是篮球运动爱好者，他想提高自己的球技，但一直没有好教练。于是，他打算开发一款能够帮助篮球运动爱好者解决缺教练这一难题的 App。这就是一个典型的伪需求，因为大多数人打篮球的主要目的是锻炼身体或者娱乐，提高球技是很少一部分人的需求。如果创业者以自己的标准来定义产品，那么受众群必定会受到限制。因此，创业者必须清楚自己的需求与主流市场需求的差距，清楚自身与主流用户之间的关系，这样才能更好地确定市场需求。

对用户来说，无关痛痒的需求也是伪需求，因为它们并不是用户的核心需求。产品要尽可能地满足用户最迫切希望被满足的需求。

例如，神州专车在国内的专车市场中占有一席之地。在专车出现之前，人们主要通过乘坐出租车来满足自己对专车的需求。而打出租车时，人们往往需要等待较长时间，而且出租车的车费较高。于是，神州专车这样的专车服务平台就出现了。这很好地解决了用户等待时间长、不能随时随地打车的困扰。很快，这种专车服务就被用户所接受。如今，市场上这种随时随地、随叫随到的专车服务已经很普遍了。而专车服务就是成功地抓住了用户的核心需求。

3.2　关注领先用户，抢占用户心智

每一位创业者都希望自己的产品能够率先满足用户需求，抢占用户心智，从而抢占市场份额。但是怎样才能抢占用户心智呢？"领先用户"这一群体的作用逐渐凸显了出来。

"领先用户"的概念由埃里克·冯·希贝尔教授率先提出。他发现领先用户实际上是很多创新的源泉。领先用户在工作和生活中往往使用的是最先进的技术和方法，但是对于这些技术和方法的表现并不满意，因而常常自己动手改进这些技术和方法。如果企业能够获知这些创造性的改进方法，并结合自己在生产和加工方面的优势，就有可能推出创造性的新产品和新的解决方案。

产品或解决方案公之于众，就会有更多的用户采用。下面将介绍创业者应如何通过领先用户这一群体，实现产品价值的最大化，使产品能够满足用户的需求。

1.大批量生产领先用户设计的产品

创业者可以识别和选择领先用户的创新产品，并进行大批量生产；或者对领先用户的创意产品进行修改和完善，加入一些新的功能，从而生产出更具特色的产品。这样可以缩短创业者研发新产品的路径。

2.为领先用户提供设计产品的平台

很多领先用户都希望自己设计的产品能快速地被制造出来。因此，创业者要抓住时机，通过为领先用户提供设计产品的平台，提高领先用户的产品研发效率，俘获领先用户的心，从而推出创造性的新产品，比其他同行抢先一步占有市场。

3.为领先用户提供互补性的产品或服务

很多领先用户在设计产品时，会或多或少地用到相关的产品或者服务，以此完成对产品的创新。创业者为领先用户提供互补性的产品或服务，就可以达到抢占先机的目的。

3.3 打出用户与渠道的多元化组合拳

友讯集团（D-Link）成立于1986年，以自创的D-Link品牌行销全球，产品遍及100多个国家及地区。30多年来，D-Link以"为人类创造网络"为宗旨，实现了产品全球覆盖。

D-Link的成功得益于其对市场、渠道、定价、合作伙伴、用户匹配度等多个要素的科学组合。D-Link通过多元化的组合，更好地打出市场组合拳。

1.渠道与市场相结合

D-Link通过发展代理商实现渠道和市场的结合，实现服务增值和海量分销捆绑，赢得合作伙伴的忠诚，向更多的合作伙伴展示D-Link在市场中制胜的信心。

2.帮助合作伙伴提升业绩

在利益共享的前提下，D-Link在对自身销售团队提出要求的同时，还会努力地帮助合作伙伴提高业绩。D-Link通过将更多的成型项目和增值服务提供给合作伙伴，增加合作伙伴与D-Link同甘苦、共患难的决心。

3.产品定价要实现渠道和谐

企业通过设置产品价格实现销售量和利润最大化的关键在于实现渠道和谐。如果企业在不同的销售渠道之间构建了和谐关系，就可以减少渠道冲突，实现销售利润最大化，而且能够提高产品在市场中所占的比重。那么企业怎样才能实现渠道和谐呢？有以下几个要点。

（1）细分用户和渠道。通过收入和利润来细分用户和渠道，企业可以筛选出对自己最有用的用户和渠道伙伴，高收入和高利润的用户和合作伙伴是价值最高的；反之则是最低的。企业还可以通过收入和利润的细分锁定需要提供服务的用户对象，再根据用户对象细分提供服务的渠道，以此区分不同合作伙伴的角色。

（2）制定定价策略和价格。企业要根据不同的用户群和合作伙伴来制定相应的产品价格。一个有效的定价策略对用户的增长和培养合作伙伴的忠诚度有着非凡的意义。

（3）为盈利而谈判。"合适的产品价格"在销售谈判时往往会被大幅度降低，这就影响到企业的盈利。在这种情况下，企业的销售团队就要为盈利而谈判。因此，销售团队必须与其他部门协调一致，要彻底了解企业的整个营销流程，只有这样，才能更好地为企业的盈利而谈判。

3.4 符号设计：名称＋图标＋包装

企业的符号设计在当今时代已经成了产品营销的重点。因为成长在互联网时代的Z世代（泛指出生于1995—2009年之间的人）成为消费的主力军，他们更乐意为新鲜事物买单，越与众不同的产品名称越能吸引他们的兴趣。例如，星巴克的一款产品星冰乐，名称简洁而有趣，消费者能够直观地了解这款产品是冷饮。对于一个新产品来说，名称可以帮助其快速定位用户群。

图标是一款产品的"门面"，它体现着产品的规范化，关乎用户对于产品的第一印象。产品的图标不仅要体现产品的特色，还要足够夺人眼球、易于识别，以便在众多产品中脱颖而出。例如，知名企业旺旺的品牌logo是一个有着大眼睛的喜庆娃娃，线条简单，配色突出，能够让消费者一眼就在货架中辨识到它。

包装能够为产品增添魅力，企业要为不同的产品设计与其定位相匹配的包装。例如，针对婴幼儿推出的奶粉包装上通常有绿色草原、奶牛和玩耍的婴幼儿，无须文字介绍，消费者就能够获知产品使用天然配方这一信息；而针对中老年人推出的奶粉包装上通常会有三代同堂、其乐融融的画面，因为该产品大多是年轻人购买以送给长辈，这种场景能够激发年轻人孝顺长辈的心理。

那么企业应该如何对这些符号进行设计呢？企业应当重点关注颜色的应用。因为90%的信息是通过视觉这一形式传输到人类的大脑中的，比通过文字形式传输的速度快6万倍。这说明比起文字，人们更容易记住图片和颜色。尤其是一些视觉冲击力强的物品，人们更不容易忘记。

例如，75%的信用卡企业会把蓝色应用于logo上，而只有20%的快餐品牌logo会应用蓝色。另外，红色出现在服装品牌logo上的概率为0%，出现在零售品牌logo上的概率为60%。

以设计手机上的应用图标为例，在设计图标时，企业应注意以下几个方面。

首先，为了提高图标的可识别性，企业切忌将图标设计得过于个性，不利于用户理解。

其次，不同的图标具有不同的特征，不起眼的变化都会破坏整套图标的和谐性，包括明亮度、形状、线条粗细等。所以在设计图标时，企业要保证整体风格的统一以及大小、形状的相似。

最后，设计一套图标时，要尽量保证不同图标之间的差异性。因为不同的图标代表不同的功能，如果没有明确的差异性，就会增加用户探索图标功能的时间。

3.5　最小可行性产品＝功能化繁为简

最小可行性产品的概念最早由埃里克莱斯提出，他认为最小可行性产品能够以最低的成本尽可能地还原核心的产品概念，然后通过迭代不断完善产品的功能等细节，使之能够持续满足用户的需求。

在产品开发中，最小可行性产品指的是能够满足早期用户需求，并能够为未来产品迭代提供反馈的产品。企业构建最小可行性产品的目的往往是以最小的成本去实现既定的产品目标。在构建最小可行性产品时，企业通常需要遵循以下步骤。

1.市场调查

在开始设计产品前，产品开发人员可以通过调查市面上已有的同种类产品来确定产品的核心功能，并通过观察用户与这些产品的交互来确定产品满足用户需求的最佳方式。

2.发散思维

开发产品时，产品开发人员首先要站在用户的角度思考问题：作为一名用户，"我"需要通过这件产品满足"我"的什么需求？在这个阶段，产品开发人员无须考虑需求能够被满足的可能性，而是要抛弃所有限制，尽可能地将所有需求罗列出来。产品开发人员可以通过用户访谈、用户调研等方法获取用户的反馈。然后，产品开发人员要从企业的角度出发，考虑并估计满足需求的每个功能的投入成本，量化功能的商业价值，去除掉成本过高、商业价值较小以及当前阶段不可能实现的功能。

3.排列优先级

经过上一个步骤后，所留下的功能都是具有可行性和开发价值的。产品开发人员要将高商业价值、低成本的功能排在前面，将低商业价值、高成本的功能排在后面，通过将功能排序与用户需求排序相对应，生产出最小可行性产品原型。

4.产品检验与迭代

最小可行性产品原型仅仅是功能完善的产品，但它并不完美。产品开发人员要将其投入目标用户群体中进行测试，并根据用户反馈对其加以优化。通常来说，这一目标用户群体是"天使"用户群体，因为他们的要求更加严格。通过反复测试与收集数据，产品开发人员将数据进行对比，从而决定是否要对最小可行性产品进行调整。

3.6　整合"三链"：价值链＋用户链＋行业链

价值链、用户链与行业链是企业开展业务活动的不同视角，分别与资产闲置率、用户流失率和利润流向率对应。在分清每个链条的起点与终点后，我们才能更好地对其加以利用，如下页图所示。

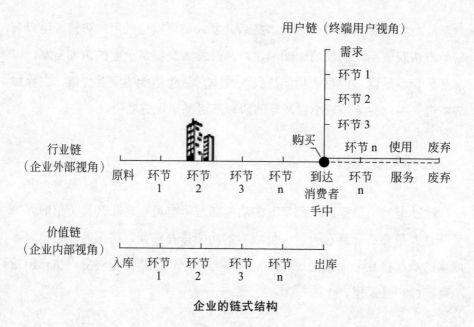

企业的链式结构

价值链即从企业内部出发，以原材料入库为起点，以产品出库为终点。价值链是3个链条中最简单的。用户链即从用户从发，以用户需求为起点，以用户购买为终点。行业链即从整体行业出发，以原料购入为起点，以用户废弃为终点，是3根链条中最长的。

价值链能够帮助我们发现企业内部的闲置资源，值得重资产类企业重视。例如，从价值链角度来看，每架飞机满客时的有效飞行时间只有7个小时，存在资源浪费的情况，航空公司可以采取一些措施提高飞机利用率，实现资源价值最大化。

用户链能够帮助我们发现用户的潜在需求，值得用户导向类企业重视。其使用难点在于我们难以忽略熟悉的思考逻辑，真正站在用户的角度反思产品及服务的效果。

行业链能帮助我们发现整个行业的利润流向，值得生产工业中间产品的企业重视。

当我们了解行业链后，就能看到许多被忽略的问题或环节，这方便我们提前进行战略布局，快速抢占市场份额。

在这3个链条中，从企业内部出发的价值链最简单。而用户链和行业链需要我们把握用户需求、判断行业趋势，需要经过大量的试行与总结。当然，如果我们可以将3个链条打造成链式结构，形成价值链、用户链、行业链的通路，便能挖掘出更大的价值空间。

3.7 一年只营业一天的花店如何赚钱

很多年轻人的创业首选都是开花店，原因无非是鲜花很浪漫。很多年轻消费者喜欢花，特别是在各种节日，买花赠人是首选。但很多年轻人开花店创业大多以失败告终，因为花店的房租、水电、人工成本都较其他行业高一些，而日常生活中买花的人并没有那么多，很多花店入不敷出。

但也有一些人实现了营业一天就赚够一年营业额的奇迹。在平时，花店毛利率只有20%，在情人节前后，花店的毛利率可以暴涨到200%。李莹是一位花店店主，她通过以下方法成功抓住了情人节的红利，实现了创业花店的自救。

1.定位用户人群

李莹在开店之初将用户人群定位于年轻的都市女性，并接连推出了多款符合年轻都市女性审美的花束产品，但销售额并不理想。经过调查，李莹发现，都市女性忙于事业，几乎没有时间在花店中挑选鲜花，而且她们更看重性价比，网购冷链鲜花更符合她们的需求。

李莹最终将目标瞄准在七夕情人节为女朋友购买鲜花的年轻男性。年轻人追求浪漫，即使情人节的玫瑰花束价格暴涨，男生也会毫不犹豫地买下来博取女朋友欢心。

2.打造个性化产品

每家花店在七夕情人节都会推出相应的活动，李莹为了使自家的花店脱颖而出，与门店附近的一家西餐厅和一家电影院达成了合作。凡是在情人节当天购买李莹花店花束的情侣都可以获赠西餐厅和电影院的优惠卡片，情侣凭借卡片在西餐厅和电影院消费可享受8折优惠。

不仅如此，李莹还推出了一系列造型独特的异形花束，还可以根据用户要求定做花束。在情人节当天，李莹店内的异形花束广受好评，虽然每束要比普通的贵20元左右，但依然是最先卖光的系列。

3.打通产业链上下游

为了降低成本，李莹在七夕情人节前1个月就与云南某地的鲜花市场签订了合同，以折扣价预订了该市场的所有玫瑰花。为了避免七夕情人节后"身价"大跌的玫瑰花囤积在自己手中，李莹联系了几位在附近摆摊卖散装鲜花的摊主，约定在七夕情人节后一天将店内所有未售出的玫瑰以5折的价格出售给他们。这样一来，就能够免去护理玫瑰花的成本，最大限度地减少损失。

第二篇

2

财 税 筹 划

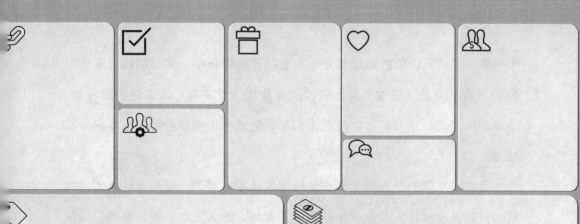

第 **4** 章　**成本控制：深入挖掘内部潜力**

对于企业来说，平衡收入与成本的关系是企业存活的关键。当成本大于收入时，企业必然亏损。如果能够有效控制成本，做好预算，就能够节省资金，保障企业正常运行并盈利。

4.1　成本、费用、支出的内涵

成本是商品价值的组成部分。企业在经营过程中一定会消耗一定的资源，而成本就是这些被消耗的资源的具象化货币表现。随着经济的发展，成本的内涵也在不断扩大，现在人们所说的成本主要包括直接成本和间接成本。

直接成本指的是直接生产产品所需的成本，例如，生产产品所需的原材料，以及能够计入产品生产成本中的费用，如人工费、场地费等。间接成本指的是间接生产产品所需的成本以及能够间接计入成本的费用，如机器损耗费、物流运输费等。

直接成本和间接成本都是从成本与生产工艺的关系以及费用计入成本的方式这两个角度进行定义的。

通过对直接成本和间接成本进行分析，企业能够明确产品的总成本，从而确定产品价格。这样不仅能够保障企业获得盈利，还能够保证消费者的权益不被侵犯。

一般情况下，能够直接计入成本的费用都可以作为直接成本处理。而在计算间接成本时，要注意其分配标准与被分配费用之间的关系。

费用指企业产品销售、提供劳务的过程中发生的经济利益流出，它既包括企业的生产经营成本，又包括计入当期损益的费用。

企业在进行生产活动的过程中，生产资料、劳动力都是被消耗的资源，也就是成本。将这些成本量化，以货币的形式表现，就可以分为材料费用、工资费用、维修费用等多种类型。此外，场地费用、营销费用等最终都要计入产品的成本中。

支出是指企业为了实现特定的经济目的而导致的资源流出，例如，为了偿债、企业经营等目的做出的一种理性、可计量的行为。从概念上来看，支出具有特定目的性、可计量性和行为多样性。

《企业会计制度》第九十九条第二款和第三款规定："企业应当合理划分期间费用和成本的界限。期间费用应当直接计入当期损益；成本应当计入所生产的产品、提供劳务的成本。

企业应将当期已销产品或已提供劳务的成本转入当期的费用；商品流通企业应将当期已销商品的进价转入当期的费用。"

4.2 控制成本的4个关键环节

企业要想在激烈的市场竞争中存活下来并盈利，就要学会控制成本。控制成本是一个动态的过程，当盈余资金比较多时，创业者就可以适当地为员工发放一些福利或者为企业添购一些设备；当盈余资金比较少时，创业者就要开源节流，在每一个环节都尽力减少成本。

控制成本有如下4个关键环节。

1.人的环节

在这一环节，创业者需要做好两个方面的工作。一方面，创业者要与客户及合作方保持良好沟通，确保材料、设备等能够按照计划及时供应，以控制企业经营成本；另一方面，创业者要做好对企业员工的监督、管理工作，与员工保持沟通，及时发现并解决员工工作过程中存在的问题，以合理的薪酬制度激发员工作的积极性，提高其责任感和控制成本的自觉性。

2.物的环节

材料和设备等物品的费用是企业经营支出的重要组成部分，一些工程项目的材料和设备的成本可达总成本的60%～70%。因此，要想控制运营成本，创业者就要加强对材料和设备的管理，掌控好每一个细节，尽量减少材料和设备的损耗。

3.技术环节

原材料价格上涨、能源价格上涨是企业无法控制的大趋势。企业要想在这种大趋势下生存，就要致力于提升原材料和能源的利用率。

企业可以通过技术手段提高产品的技术含量，降低生产成本。技术从根源上减少了生产过程中的能源和原材料消耗，在达到既定产品质量目标的同时又能实现控制成本的目标。

4.活动执行环节

这个环节是成本控制过程中最复杂的一环。创业者在活动执行的过程中，必须本着科学、认真的原则，从实际出发，切实管理好活动的各个环节。

在设计活动的执行方案时，创业者要充分做好各阶段的方案比选工作，选择经济、合理的执行方案，降低运营成本。

企业经营是一个动态的投入和产出的过程，要想控制成本，创业者必须根据活动的实际状况，认真分析影响活动成本的因素，并关注以上4个关键环节。这样才能有效地控制成本，实现经营活动成本最小化的目标。

4.3 控制生产成本

生产成本在企业的经营成本中占有很大比重，主要包括产品生产过程中的机械使用费、固定资产折旧费以及管理费等。创业者如果想要控制生产成本，就要先了解这3种费用的具体内容。

机械使用费是指机械作业所产生的各种费用，包括：

（1）机械租赁费。

（2）机械修理费：机械保养和临时故障排除所需的费用。

（3）安拆费及场外运费：安拆费指安装、拆卸机械所需的人工、材料、试运转费用等；场外运费指机械自停放地点运至施工现场所产生的运输、装卸等费用。

（4）燃料动力费：指机械在运转作业中所消耗的燃料及水、电等。

管理费包括：

（1）产品生产前的费用，包括前期产品研究、测试所支出的费用。

（2）与企业活动相关的杂项费用，如业务支出、缴纳地方税等。

固定资产折旧费指随着固定资产的损耗，将其购置费通过折旧的方法转移到生产成本和相关费用中去。固定资产支出的金额往往很大，而且受益期很长。在固定资产受益期内平均其支出，按月列支是一种较为合理的成本计算方式。

4.4　严格控制行政费用

行政费用是指企业为组织和管理生产经营所发生的管理费用，主要包括直接人工费、活动管理费等。行政费用在企业的总支出中占据很大比例，企业一定要严格控制。

1.直接人工费

直接人工费属于法律规定的硬性支出，指与产品生产直接相关的人工活动所产生的各项费用，包括：

（1）基本工资。

（2）工资性补贴。指按规定发放的物价补贴、燃气补贴、交通补贴等。

（3）辅助性工资。指员工非作业天数的工资，如员工培训期间的工资、休假期间的工资、客观原因导致停工的工资等。

（4）职工福利费。

（5）劳动保护费。包括劳动保护用品的购置费、工装补贴费、防暑降温费等。

2.活动管理费

活动管理费主要包括企业定期举办的大型活动和不定期开展的课程培训费用等。对于大型活动，如团建、节日庆典、周年庆典等，企业可以适当缩减举办规模和降低举办频率，做到非必要活动不举办。课程培训只保留必要的员工培训，并严格控制参加培训的员工人数，防止浑水摸鱼的现象发生。

4.5　采购成本控制与管理

创业者要关注3个核心：业务、产品、客户，在不影响企业正向发展的前提下，适度地砍掉采购成本，有利于减轻企业的负担。

采购成本指的是与原料采购相关的物流费用，主要包括采购订单费用、采购计划制订人员的管理费用、采购人员管理费用等。需要注意的是，小规模纳税人的采购成本还包括进项税额。

在很多行业中，采购成本占到销售额的2/3，是影响利润率的重要因素。因此，对采购成本进行管理与控制是提升企业利润率的重要方法。企业可以采取以下方法对采购成本进行控制。

（1）价值分析法与价值工程法。价值分析法与价值工程法都是针对产品本身的功能进行分析研究，以产品最低的生命周期成本为基准，在此基础上进行剔除、替换，实现降低成本的目的。

（2）谈判。谈判是买卖双方为了达成各自目标而不断妥协的过程。在采购谈判过程中，通常采购期望价格与实际价格相差3%～5%，如果企业想要让对方做出更大的让步，就需要利用价格、成本分析等多种方法进行谈判。

（3）联合采购。医院、学校等非营利性单位经常进行联合采购，以大采购量换得更大的价格优惠力度。一些企业的采购量通常不大，为了获得更大的优惠力度，它们通常选择和第三方采购单位合作。

4.6 缩减营销费用

营销费用是指产品由最初所有者到最终所有者的过程中所花费的营销代价，也是企业想要盈利就必须投入的成本。营销费用包括销售推广、物料包装以及各种服务费用。

在企业的实际经营过程中，营销部门的人工费、办公费、水电费等都是固定支出，很难进行大规模缩减，所以企业要尽量缩减营销活动成本。

首先，要做好每一笔营销费用预算管理，建立系统的资金审批和使用跟踪制度；其次，要建立营销人员个人效益账目；最后，要配合企业薪酬体系为营销人员设计合理的固定薪资与提成。

4.7　一家成立两年就倒闭的元宇宙公司

小王于 2020 年入职了一家刚刚成立几个月的元宇宙公司，该公司的主要业务是生产、销售 VR 设备，小王的岗位是销售。

原本小王认为，元宇宙近两年的发展势头良好，公司的规模也很大，福利待遇也很好，他觉得自己能入职这家公司十分幸运。可好景不长，2022 年初，公司以流动资金紧张为由，没有给员工发放年终奖，年后员工的工资也一直拖欠着。小王和同事找老板讨了几次欠薪，最终只得到了一堆 VR 设备用来抵工资。

小王决定卖掉这些 VR 设备以换取现金，他找了几个买家，但他们都拒绝收购这些 VR 设备。买家拒绝购买的理由很一致，他们表示这款设备品控不严，质量很差，内置芯片的版本也很老旧。这款设备的营销广告铺天盖地，空有名声在外，其实价值很低。

后来小王所在公司宣布破产，小王才知道，原来老板当时在产品营销上付出很多，根本没有控制成本。而且在公司经营不佳的情况下，老板还重金挖来了某互联网企业的高管，这位高管仅仅工作了 1 个多月就看出这家元宇宙公司的实际情况，于是便辞职了。公司的大部分盈利都被用来支付场地租赁费用、员工工资以及营销费用，根本没有多余资金用来提升产品质量。

小王不由得唏嘘，如果老板当初能够从公司经营的各个环节严格把控成本，如办公场地小一些、适度精简员工、削减营销费用，那么整体的成本就能够降低，企业就有更多的资金用于提升产品质量，或许企业也不会走到今天的地步。

第**5**章

财务分析：管好财务助力创业成功

财务管理对于企业的持续经营十分重要。如果企业不能做好财务分析工作，合理规避财务方面的风险，业务就会受到影响，企业就无法正常运行。因此，创业者必须掌握一定的财务知识，在创业之初就为企业树立一个合理的财务目标，筑牢财务安全基础，为企业的正常运行保驾护航。

5.1 树立一个财务目标

企业的财务目标是指企业在一定条件下，通过财务活动应该达到的根本目的。财务目标是评判企业的财务活动是否合理的标准，同时也指引着财务管理的基本方向。

财务目标可以分为以下3种。

1.利润最大化

总营业收入与总经济成本的差额最大化即为利润最大化。如果企业在制定各种决策时均以利润最大化为目标，就要对投入成本和生产效率进行严格控制。

2.股东财富最大化

股东财富最大化即通过企业的财务活动为股东创造更多财富。在股份有限公司中，股票在市场中的价值总额基本等同于企业的价值。股票总值越高，意味着企业的财富越多，股东所能分得的财富越多。

3.企业价值最大化

企业价值即企业在资本市场中的价值。影响企业价值的因素很多，包括企业规模、股东数量、资产配置等。企业价值不仅取决于企业当前的盈利能力，还取决于企业的未来获利能力。资本市场中的投资人如果认为一家企业的潜能很大，就会对企业给予超出其当前盈利能力的价值评价。

在企业价值的评定中，时间是重要的影响因素。创业者应当运用各种财务决策来平衡风险与报酬之间的关系，调和股东、投资人、员工等多方利益主体之间的关系，使企业价值最大化。

5.2　财务分析之资产负债表

资产负债表是进行财务分析必不可少的工具，它能够表示企业在一定时期内的财务状况，是企业经营状况的静态表现，因此资产负债表也被称作财务状况表。

资产负债表由"资产"和"负债与股东权益"两部分组成。资产负债表是利用会计平衡原则，将合乎会计原则的资产、负债、股东权益，经过分录、转账、调整等会计程序后，以特定日期的静态企业情况为基准，制作的一张报表，示例如下表所示。

资产负债表

编制单位：   时间：

项目	行次	年初数	期末数	项目	行次	年初数	期末数
流动资产：				流动负债：			
货币资金	1			短期借款	31		
短期投资	2			应付票据	32		
应收票据	3			应付账款	33		
应收利息	4			预收账款	34		
应收账款	5			应付工资	35		
预付账款	6			应付福利费	36		
其他应收款	7			应付股利	37		
应收补贴款	8			应交税金	38		
存货	9			其他应交款	39		
待摊费用	10			其他应付款	40		
长期股权投资	11			预提费用	41		
年内到期的长期债权投资	12			预计负债	42		
其他流动资产	13			长期负债	43		
流动资产合计	14			年内到期的长期负债	44		

续表

项目	行次	年初数	期末数
长期投资：			
长期股权投资	15		
长期债权投资	16		
长期投资合计	17		
固定资产：			
固定资产原价	18		
减：累计折旧	19		
减：固定资产减值准备	20		
固定资产净额	21		
工程物资及在建工程	22		
固定资产清理	23		
固定资产合计	24		
无形资产及其他资产：			
无形资产	25		
长期待摊费用	26		
其他长期资产	27		
无形资产及其他资产合计	28		
递延税款：			
递延税款借项	29		
资产总计	30		

项目	行次	年初数	期末数
其他流动负债	45		
流动负债合计	46		
抵押长期负债：			
长期借款	47		
应付债券	48		
长期应付款	49		
专项应付款	50		
其他长期负债	51		
长期负债合计	52		
负债合计	53		
股东权益：			
实收资本（或股本）	54		
减：已归还投资	55		
实收资本（或股本）净额	56		
资本公积	57		
盈余公积	58		
其中：法定公益金	59		
未分配利润	60		
所有者权益合计	61		
负债及所有者权益总计	62		

资产负债表属于簿记记账程序的末端，它是会计程序中经过分录、过账、试算、调整后的最后结果与报表，体现的是企业资产、负债与股东权益的关系，是最能反映企业实际运营情况的报表。

资产负债表是按照一定分类标准和次序编制而成的，因此对于企业来说，资产负债表不仅能够帮助企业消除内部弊端、找寻新的经营方向，还能够让外界投资人对企业当前的经营状况有一个清晰的认知。

5.3　财务分析之利润表

利润表即财务报表中的损益表，也被称为利润分配表或损益平衡表。它能够反映企业在一定时期内的盈利和亏损状况。损益表的内容包括一定时期内企业的销售成本、销售收入、经营费用及税收费用。总之，企业在一定时期内所创造的经营业绩都是损益表中的内容。

与其他财务报表不同的是，损益表是一张动态的财务报表。企业的经营管理者能够从损益表中分析利润增减变化的原因，从而为自己的经济决策，如企业经营成本的预算、投资的价值评价等找到依据。损益表示例如下表所示。

损益表

编制单位：　　　　　　　　　　　　　　　　　　　　　　　　单位：元

项目	行次	本期数	本年累计数
一、主营业务收入	1		
减：主营业务成本	2		
营业费用	3		
主营业务税金及附加	4		

续表

项目	行次	本期数	本年累计数
二、主营业务利润	5		
加：其他业务利润	6		
减：管理费用	7		
财务费用	8		
三、营业利润	9		
加：投资收益	10		
补贴收入	11		
营业外收入	12		
减：营业外支出	13		
加：以前年度损益调整	14		
四、利润总额	15		
减：所得税	16		
五、净利润	17		

5.4　财务分析之现金流量表

现金流量表，顾名思义，与现金流密切相关。现金流量表能够体现企业在一个月或一个季度内的现金流量变动情况，即企业经营、投资、并购等活动中发生的现金流入与流出情况。现金流量表中的资金可以分为经营、投资、筹资 3 种不同类型，用来综合反映企业在短期内的生存能力。与损益表相比，现金流量表更像一个工具，在评估企业盈利与财务状况等方面发挥着更直观的作用。现金流量表示例如下页表所示。

现金流量表

编制单位：　　　　　　　　时间：　　　　　　　　　　　　单位：元

项目	本期金额	上期金额
一、经营活动产生的现金流量：		
销售商品、提供劳务收到的现金		
收到的税费返还		
收到其他与经营活动有关的现金		
经营活动现金流入小计		
购买商品、接受劳务支付的现金		
支付给职工以及为职工支付的现金		
支付的各项税费		
支付其他与经营活动有关的现金		
经营活动现金流出小计		
经营活动产生的现金流量净额		
二、投资活动产生的现金流量：		
收回投资收到的现金		
取得投资收益收到的现金		
处置固定资产、无形资产和其他长期资产收回的现金净额		
处置子公司及其他营业单位收到的现金净额		
收到其他与投资活动有关的现金		
投资活动现金流入小计		
购建固定资产、无形资产和其他长期资产所支付的现金		
投资支付的现金		
取得子公司及其他营业单位支付的现金净额		
支付的其他与投资活动有关的现金		
投资活动现金流出小计		
投资活动产生的现金流量净额		

现金流量表能够反映企业在短期内的生存能力，也能够反映企业在一定时间内的经营状况。如果在一段时期内，企业的现金流不足以支付股利，也不能够维持股本，那么企业的经营方式或经营理念就出现了问题，这会对企业的后续发展产生不良影响。

5.5　优选财务人员，规避财务风险

财务风险客观存在于企业经营过程中，它能够使企业的实际收益与预期收益产生一定的偏差。它的影响因素多种多样，没有任何企业能够完全规避财务风险。随着市场竞争日益激烈，如何提前识别财务风险并做出有效防范，使企业的损失降到最低，已经成为众多企业的必修课程。因此，选取合适的财务管理人员就成为创业者的首选。

1. 代理记账

代理记账是指聘请外界企业来管理自己企业的账目。通常来说，代理记账企业能够为初创企业提供全面的财务服务，避免出现税款漏报、误报等现象，充分保障企业财务安全。其优点是成本低、服务全面，初创企业往往一个月只需花费几百元即可享受到全套服务。其缺点是门槛低、从业人员良莠不齐，一旦遇到不正规的代理记账企业，初创企业很可能遭受财务损失，甚至还会产生税务问题。

2.专职会计

专职会计是与企业签订劳动合同的正式财务人员，是企业的员工。专业的财务人员能够身兼数职，除了核算各种业务账目、处理税务事务外，还负责员工工资发放、票据报销、员工社保缴纳等工作。其优点是服务全面，专业素质较高。其缺点是成本较高，专业财务人员的月工资往往在5000元以上。

企业可以通过评估自己的实际情况来选择合适的记账方式。

（1）企业规模较大最好选择专职会计，因为专职会计功能更加全面，还可以及时就企业财务状况与创业者进行沟通。而代理记账企业只负责财务申报，无法将责任落实到个人，容易出现财务问题。

（2）企业业务多且烦琐最好选择专职会计，这样处理财务问题更加及时，结果也更加真实。企业业务少，可以选择代理记账企业，因为代理记账企业的效率更高。

（3）如果企业的业务或财务状况属于企业机密，那么创业者就需要聘请专职会计。因为专职会计是企业的正式员工，他有义务对自己的工作内容保密，这样也更利于企业约束他的行为。而代理记账企业人员繁多，创业者无法对相关员工进行有效约束，一旦机密外泄，将会造成不可挽回的后果。

5.6　加强应收账款管理，谨防坏账

应收账款是企业流动资产中的一个重要项目，指企业对外销售商品或提供服务应当收取的款项，属于企业的进项。随着市场竞争的不断加剧，企业必须适应市场变化，不断开发新产品、开拓新市场、制定新销售策略来吸引新客户，分期付款就是一项主要的优惠政策。

分期付款能够显著增加企业产品的销售量，提高产品的市场份额，进而提升企业的竞争力。但它同时也带来了隐患，即应收账款的管理成本较高，容易造成企业资金流转困难，尤其是当一些客户出于各种各样的原因不能还款时，应收账款就成了坏账。这非常不利于企业的正常经营，企业可以从以下两个方面入手避免应收账款成为坏账。

1. 全面评估客户情况，降低应收账款成为坏账的风险

企业的所有活动和所有政策的核心都是获利，所以企业的所有部门都应当配合财务部门的工作。在为客户提供分期付款服务前，销售部门、法务部门应当配合财务部门一起订立《分期收款销售合同》。企业要对客户的资信情况、商业信誉、财务状况等进行全方位的评估，掌握客户的资信变化情况并加强对合同履行的监督管理，一旦发现客户出现了重大财务风险，就要第一时间催收账款，避免其成为坏账。

2. 制定企业信用政策

企业的信用政策即应收账款政策，它能够对企业的应收账款进行规划与控制。在对客户的情况进行全面评估后，企业就要给客户评定信用等级，从而对不同信用等级的客户采取不同的收款政策。例如，企业可以对信用状况极好的客户采取宽松的收款政策，而对信用状况一般的客户采取严格的收款政策。

总之，企业要通过科学、合理的收款政策，加强对应收账款的管理，降低坏账的风险。

5.7 业务财务统一，依法记账纳税

企业的财务事项由财务部门及相关人员处理，如记账、纳税等。而随着企业的发展，企业的业务越来越多，由此产生的费用和需要缴纳的税款也越来越多。在倡导精细化管理的前提下，企业的业务与财务一体化能够有效规范业务数据，业务系统能更好地与财务系统对接，不漏掉每一笔账单和税款。

业务与财务一体化的优势主要体现在以下几个方面。

（1）闭环管理，不漏掉每一笔款项。在业务与财务一体化下，所有业务信息都会集成到财务系统中，每一笔款项数据的完整性都能够得到保证。同时，业务流程中的生产、运输、销售、售后等环节的数据信息能够实时反馈在业务系统中，财务系统可以按照业务类型和财务管理颗粒度直接提取源头数据，不漏掉每一笔财务款项，避免漏税现象发生。

（2）便于款项追溯。在财务核算过程中，有些款项的时间过于久远，因此财务人员难以知悉其来源，无法将其纳入财务报表。而在业务财务一体化后，每一笔款项都有其对应源头，对后续享受税收优惠有积极作用。

（3）提高财务报表精准度。传统的财务报表数据来源于财务人员人工记录的每一笔款项，包括差旅费、设备维修费用、缴纳的税款、退回的税款等，这些种类繁多的款项不仅会降低财务人员的工作效率，还会影响财务报表的精准度。而在业务与财务对接后，一些烦琐的财务报表就能够精简合并，便于业务人员和企业管理层直观地看到各项业务带来的收益和产生的支出。

　　财务与业务脱节不利于企业的长远经营与发展，从财务的视角去审视业务，更具有全局性和客观性。但是在业务与财务一体化的同时，企业也需要注意，业务与财务一体化并不代表二者要融为一体，因为财务对业务有着监管作用，特别是在记账与纳税方面，有利于业务高效、合法地开展。

第**6**章 | 税收管理：坚决不能触碰法律红线

纳税伴随企业的整个经营周期，良好的纳税意识能够帮助创业者提高经营效率，降低经营风险，从根源上提升企业的竞争力。创业者要重视税收管理，避免税收问题阻碍企业的长远发展。

6.1 合理节税＝创造收入

对于企业来说，合理节税等于创造收入。如果企业能够有效地进行税务筹划，就可以降低税负。例如，税收洼地优惠政策，可以帮助企业节省一大笔税款。但是在节税时，企业一定要依法依规办事。

除此之外，企业还可以利用其他方法合理节税。

第一，大多数投资经营企业在筹划税务时都会关注各项税收优惠政策，在名义上会入驻税收洼地，但事实上企业的业务通常不在或者不主要在税收洼地进行。在这种情况下，企业同样可以享受到税收洼地在税收方面的减免政策。

第二，深入研究、理解相关税收规定，并据此针对性地对企业的经营方式、财务进行合理安排，同样可以达到节税的目的。当企业的一笔大宗交易恰好发生在两个纳税年度交接的时间点时，企业就可以依据权责发生制的会计准则，适当延期交易，使交易尽量发生在下一个纳税年度，从而可以晚一年缴纳所得税。

总而言之，在进行税务筹划时，企业需要根据实际情况，选择合适的节税方式。这样企业才能确保在不违法的前提下，实现最大限度地节税，使企业利润最大化。

6.2 盘点企业必须缴纳的那些税

很多创业者认为，纳税的工作由财务部门完成即可，自己不用了解相关知识。实际上，这种认知是不正确的。如果创业者不了解纳税的相关知识，就不能对企业经营过程中的税务问题进行有效监管。下面是企业必须缴纳的几种税种。

1. 增值税

《中华人民共和国增值税暂行条例》第二条第一款规定："增值税税率：

（一）纳税人销售货物、劳务、有形动产租赁服务或者进口货物，除本条第二项、第四项、第五项另有规定外，税率为17%。

（二）纳税人销售交通运输、邮政、基础电信、建筑、不动产租赁服务，销售不动产，转让土地使用权，销售或者进口下列货物，税率为11%：

1. 粮食等农产品、食用植物油、食用盐；

2.自来水、暖气、冷气、热水、煤气、石油液化气、天然气、二甲醚、沼气、居民用煤炭制品；

3.图书、报纸、杂志、音像制品、电子出版物；

4.饲料、化肥、农药、农机、农膜；

5.国务院规定的其他货物。

（三）纳税人销售服务、无形资产，除本条第一项、第二项、第五项另有规定外，税率为6%。

（四）纳税人出口货物，税率为零；但是，国务院另有规定的除外。

（五）境内单位和个人跨境销售国务院规定范围内的服务、无形资产，税率为零。"

第十五条第一款规定："下列项目免征增值税：

（一）农业生产者销售的自产农产品；

（二）避孕药品和用具；

（三）古旧图书；

（四）直接用于科学研究、科学试验和教学的进口仪器、设备；

（五）外国政府、国际组织无偿援助的进口物资和设备；

（六）由残疾人的组织直接进口供残疾人专用的物品；

（七）销售的自己使用过的物品。"

2.所得税

所得税指的是以纳税人的所得额为课税对象的各种税收的统称，一般分为企业所得税和个人所得税。所得税是国家的第二大税收来源，也是企业负担较重的税收项目。

企业所得税税率通常为25%，即按"利润×25%"来计算；国家重点扶持的特区及高新技术企业税率为15%；小型微利企业税率为20%。

个人所得税主要征收项目包括生产经营所得、劳务报酬所得、股息分红所得等。例如，企业负责人、股东的分红要缴纳20%的个人所得税，个体工商户经营所得按5%～35%的五级累进税率计算应缴纳的个人所得税，员工的综合所得则是按3%～45%的七级累进税率计算。

3.印花税

印花税指的是对《印花税税目税率表》列明的合同、产权转移书据和营业账簿以及证券交易等项目征税。项目不同，税率也不同。一般来说，企业在注销时，地方税务部门会核查企业实缴资本印花税、租赁合同印花税以及账本印花税，如果企业有漏缴的部分，则需要依法补齐。

《中华人民共和国印花税法》第五条第（一）项规定："应税合同的计税依据，为合同所列的金额，不包括列明的增值税税款。"该法案附录的《印花税税目税率表》中详细列明了税目和税率。例如，买卖合同税率是价款的0.03%，承揽合同税率是报酬的0.03%，租赁合同税率是租金的0.1%，商标专用权、著作权、专利权、专有技术使用权转让书据的税率是价款的0.03%，等等。

4.其他税种

除了要缴纳以上3种税外，企业可能还要缴纳其他种类的税。以下是几种常见的税种及其计算方法。

（1）教育费附加。计算方法为：教育费附加＝应缴增值税额×3%。

（2）地方教育附加。计算方法为：地方教育附加＝应缴增值税额×2%。

（3）水利基金。计算方法为：水利基金＝收入×1‰。

（4）工会经费。计算方法为：工会经费＝工资总额×2%。

（5）残疾人保障金。计算方法为：残疾人保障金＝（上年用人单位在职人数×所在地人民政府规定的安排残疾人就业比例－上年用人单位安排的残疾人就业人数）×上年用人单位在职职工年平均工资。

（6）城市维护建设税。计算方法为：城市维护建设税＝应缴增值税额×7%。

6.3　警惕税务筹划的4大误区

很多创业者认为，税务筹划和逃税、漏税是一个概念，因此拒绝进行税务筹划。这种看法是错误的。税务筹划不仅合法，而且能够显著降低企业的税务风险。如果创业者想要做好税务筹划，就要规避税务筹划的4个误区。

误区一：混淆税务筹划和偷逃税的概念。

要想做好税务筹划，创业者首先要明晰税务筹划的概念。创业者需要在遵纪守法的前提下，对涉税的相关业务进行一系列策划，选择科学、合理的方式来缴纳税款。虽然税务筹划和偷逃税的最终目的具有相似性，即都是为了降低企业税负，降低企业的财务负担，但税务筹划具有合法性、可操作性，而偷逃税是违法的。

误区二：只要是好会计，就一定懂税务筹划。

很多创业者都会把税务问题产生的原因归咎于会计人员不懂税务筹

划，其实这是一种误解。由于企业的税是伴随业务的开展产生的，而业务流程是由合同决定的，合同则是创业者签订的。由此可知，创业者才是税务筹划的直接关系人。

税务筹划是企业经济行为在税收结果产生前针对降低税负所做的一系列规划以及调整，具有一定筹划性以及过程性。倘若企业的经济行为已经完成，税收结果也已经产生，企业就不能再通过做账来减少税金。

误区三：税务筹划等于节省税金。

很多创业者认为，税务筹划的目的就是为企业减轻税务负担，所以在筹划税务时只是一味追求降低税金，而全然不考虑是否有风险、是否违法。这样很容易因小失大，走上违法的歧途。

误区四：在任何情况下都能进行税务筹划。

创业者一定要有目的地筹划税务，要对企业经营活动以及财务安排有敏锐的判断力，而不能单纯为了筹划而筹划。当税务筹划目标和企业经营目标发生冲突时，创业者应该首选经营目标。

6.4 重点关注税收优惠政策

根据《关于对增值税小规模纳税人免征增值税的公告》（以下简称《免征增值税的公告》）："自2022年4月1日至2022年12月31日，增值税小规模纳税人适用3%征收率的应税销售收入，免征增值税；适用3%预征率的预缴增值税项目，暂停预缴增值税。"

小规模纳税人包括小微企业，《免征增值税的通告》对新创立的小微企业给予了力度很大的税收减免优惠。

《关于进一步实施小微企业所得税优惠政策的公告》中指出："对小型微利企业年应纳税所得额超过100万元但不超过300万元的部分，减按25%计入应纳税所得额，按20%的税率缴纳企业所得税。"

本公告所称的小型微利企业，是指从事国家非限制和禁止行业，且同时符合年度应纳税所得额不超过300万元、从业人数不超过300人、资产总额不超过5000万元等三个条件的企业。

因此，符合小型微利条件的企业可以多关注国家税收减免政策，以便在降低税负的同时为自己争取更多的发展资金。

6.5　每笔进项必须有发票

发票是表明纳税人经营收入情况的主要载体，以票管税是税务机关进行税收征管的基本手段和重要工具。如果企业开具的发票不规范，就会导致发票不能使用，这样就很容易引发纠纷。企业的每一笔进项都必须有发票。

企业的发票主要分为生产经营活动过程中的发票和员工报销的发票。

前者主要包括购买原料、生产设备的发票；后者主要包括员工出差的飞机票、火车票、住宿发票等，可以作为报销的凭证。

企业的财务人员要对发票的名称、类型、填制日期、编号、经济业务内容、计量单位、单价和金额、经办人签名等信息仔细审核，确保无误之后才能将发票入账。

但是在实际报销中，企业收到发票的时间比发票上注明的时间滞后很多，甚至还会跨年度。那么这些发票能否入账呢？发票能否入账需要分以下两种情况讨论。

（1）费用已预先在当年入账，但当年未取得发票。这种情况在当年所得税预缴时可按账面发生额扣除，但要在年度所得税汇算清缴前取得发票，否则要按所得税纳税调增处理。

（2）当年取得了发票但未入账。如果金额不大，对当年损益影响较小，则可以列为下一年度的费用；如果金额过大，而且对当年损益有较大影响，可利用"以前年度损益调整"进行调整。

此外，财务人员需要定期通过税务网站或纳税服务中心查验发票真伪，杜绝假发票。

在实际报销过程中，还可能会出现发票与实际业务不匹配的情况，具体可分为以下3种情况。

（1）经济业务没有发生，假借其他途径取得发票。

（2）经济业务确实发生，但发票内容被变更。

（3）真实的发票遗失，只能找其他发票替代入账。

《中华人民共和国会计法》第十四条第三款规定："会计机构、会计人员必须按照国家统一的会计制度的规定对原始凭证进行审核，对不真实、不合法的原始凭证有权不予接收，并向单位负责人报告；对记载不准确、不完整的原始凭证予以退回，并要求按照国家统一的会计制度的规定更正、补充。"

《中华人民共和国发票管理办法》第二十一条规定："不符合规定的发票，不得作为财务报销凭证，任何单位和个人有权拒收。"

可见，可以作为报销凭证的发票必须以真实、合法为前提。

6.6　以租赁方式准备办公场地

出于资金不足等原因，很多创业者都会选择租赁办公场地，而正规租赁需要签订房屋租赁合同。在签订租赁合同之前，创业者不仅要考虑租赁成本，还要考虑到企业未来的发展规划。

在寻找办公场地的过程中，创业者可以选择知名的房产租售服务平台作为中介，从而更有效、精准地找到自己所需要的办公场地。

在议价过程中，创业者要注意以下两个事项：一是创业者在确定好几个备选场地后，一定要"货比三家"，分析各个办公场地的优势及价格，确定最优性价比的办公场地；二是创业者要主动出击，自己出价，并提前想好能够让房主降价的理由，然后引导房主给出一个自己能够接受的价格。

当议价流程完成后，创业者就要考虑如何签订房屋租赁合同。对于签订房屋租赁合同，创业者需要注意哪些问题？一般来说，在签订合同时，创业者需要确认以下内容。

（1）付款方式一般是缴纳3个月的租金和1个月的押金。

（2）签订合同前，创业者需要确认房主出租房源的合法性，例如，查看房产证等相关证明文件。

（3）如需将承租的写字楼作为企业注册地址，应提前咨询房主能否提供相关材料办理营业执照。

（4）租赁合同是一份详细的租赁协议，包括租用单位、价格、租用期限等事项，需双方签字盖章才可生效。

（5）创业者需要严谨对待合同中带数字或与钱相关的事项，如有不实内容，需要与房主协商。

同时，创业者需要注意，租房通常需要签订租期为1年或1年以上的合同。创业者在签订合同的过程中，应该仔细斟酌合同内容，如果需要补充内容，一定要在签订合同前与房主协商好。

创业者还需要注意一些细节问题，例如，物业费、取暖费由谁承担。

房屋租赁合同的内容主要包括以下几个方面。

1.双方当事人的情况

合同中应该明确写出创业者和房主的姓名、联系电话等个人信息。

2.房屋具体情况

房屋租赁合同要写明房屋的确切位置，房屋占地面积，房屋装修情况，房屋中包含的家具、设施等。另外，合同中还应写明房屋为何种产权以及产权人是谁。

3.租赁期限

如果创业者打算长期租赁房屋，为求稳定可以在合同中约定期限。

4.房租及支付方式

房屋租金由创业者和房主协商决定，租金的付款方式分为年付、半年付和季付。

5.房屋修缮责任

房主是房屋的产权人，因此修缮房屋应由房主负责。

6.房屋状况变更

对于房屋和设施，创业者无权进行拆、改、扩建等。如果需要对房屋进行改动，创业者需要征得房主同意并签订书面协议。

7.违约责任

在签订合同前，创业者要将各种可能产生的违反合同的行为在合同中一一列举出来，并规定相应的惩罚办法。如果房主未按约定配备家具，创业者可以与房主协商降低房租。

8.租赁合同的变更和终止

如果在租赁过程中，创业者和房主都想要改变合同上的某项条款，如租赁期限、租金等，双方可以在协商后对其进行变更。

如果合同未到期，创业者想要提前解除合同，需要提前通知房主，然后按照合同约定或协商给予对方补偿。如果合同到期，则该合同自然终止。

6.7　多做慈善性捐赠

《中华人民共和国企业所得税法》（以下简称《企业所得税法》）第九条规定："企业发生的公益性捐赠支出，在年度利润总额12%以内的部分，准予在计算应纳税所得额时扣除；超过年度利润总额12%的部分，准予结转以后三年内在计算应纳税所得额时扣除。"《中华人民共和国企业所得税法实施条例》第五十一条规定："企业所得税法第九条所称公益性捐赠，是指企业通过公益性社会组织或者县级以上人民政府及其部门，用于符合法律规定的慈善活动、公益事业的捐赠。"

但是，对于超出标准的公益性捐赠支出，还是要征收所得税的。如果企业的捐赠不属于公益性质，则不享有免税的优惠。所以，企业若想通过公益捐赠这种方式达到节税的目的，需要确保自己所进行的捐赠活动属于公益性质。否则，即使付出了金钱，也不能享受税收优惠。

一般来说，企业向国家税务机关认可的渠道和单位进行捐赠，并在捐赠之后索要专用收据，在缴税的时候向税务机关出示收据，则能享受税费优惠政策。

某年重阳节前，某市社会福利企业协会以"关爱老人，回馈社会"为主题，举办了"献爱心慈善一日捐"活动。活动开始后，该市多家企业积极参与。其中有一家纺织企业向这个福利企业协会捐赠了3万元，并领取了捐赠收据。缴税的时候，该纺织企业出示了这份捐赠收据，但被税务机关告知这份收据无效，不能享受税费优惠政策。

原来，这个社会福利企业协会并不在《中华人民共和国公益事业捐赠法》规定的基金会、慈善组织等公益性社会团体的范畴之内。而且，纺织企业领取的捐赠收据也不属于公益性捐赠收据。所以，这只能算是纺织企业自身的捐赠行为，不能享受税费优惠政策。企业若想通过公益捐赠的方式达到节税的目的，就应该先了解清楚公益捐赠的范畴。

6.8 双薪模式为企业节税

张明创立了一家互联网企业。由于张明在互联网行业深耕多年，经验丰富，技术高超，还拥有很多的客户人脉，因此其事业很快走上正轨，员工数量也增加了很多。

在中秋节时，很多企业都会给员工发放过节福利。这一方面弘扬了我国的传统文化，另一方面也彰显了企业对员工的人文关怀。于是张明便在中秋节给员工发放了一笔可观的过节费作为过节福利，但是员工没有流露出喜悦之情。

个人所得税实行阶梯征税制原则，收入越多，所要缴纳的税费也就越多，并且其征税范围包括员工所得的福利。也就是说，张明给员工发放的这一笔可观的过节费，会增加员工当月所要缴纳的税费。张明本想借助节日这一契机，表现自己对员工的关怀，从而拉近与员工之间的距离，没想反倒费力不讨好。

很多企业很少采取发放福利费这一做法，而是在年终的时候发放双薪。个人所得税的相关政策规定，年终双薪可以单独作为一个月的工资薪金所得计算个人所得税。这样一来，员工当月的个人所得税税费不会变多，但是总收入增加了。对于企业来说，这样既表现了对员工的关怀，又不会增加员工的税费负担。显然，员工对这一发放福利的方式比较满意。

张明了解到还有双薪这一福利模式时十分开心。他认为，企业推出各种福利制度的目的就是让员工满意，增强员工对企业的忠诚度，这种不发过节补贴改为发放双薪的做法，值得自己学习借鉴。

3

人事管理

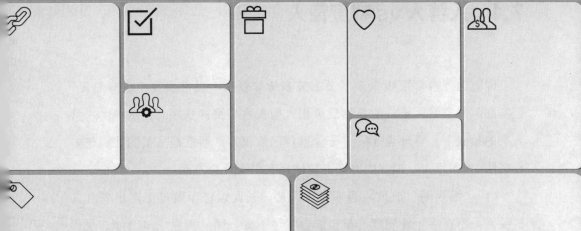

第**7**章 制度规范：变革
"人管人"模式

　　员工是组成企业的最小单元，员工的工作情况会直接影响整个企业的运行。如何招聘到合适的员工、如何对员工赋能、如何管理员工、如何对员工进行考核等一系列问题，关系到团队、企业的架构稳定性与业务的展开。企业要充分激发员工的潜能，为员工赋能，使员工为企业的平稳发展增添助力。

7.1　人管人vs制度管人

　　传统企业内部层级繁杂、员工关系错综复杂，虽然企业中也有制度，但实施起来非常困难，主要靠层级和人情关系来维护秩序。在这种"人管人"的模式下，管理者往往过于看重自己的权力，而忽视员工的处境与内心想法。"人管人"模式的弊端主要体现在以下几个方面。

　　（1）"潜规则"成风，遇事先讲人情。长此以往导致员工遇事先看人情关系，不在乎企业制度，员工的自主性下降，团队沟通成本增加，企业的运营效率降低。

（2）"刺头"员工难管理。在企业中经常有这样一类员工：能力强但是不合群，不爱合作沟通。在"人管人"模式下，这类员工要么消极怠工，要么会与管理者爆发激烈矛盾。

（3）"逆向淘汰"留不住人才。"逆向淘汰"是指德才兼备的人才在职场中反遭冷落、排挤，乃至打压。正常而健康的职场环境应该具有能者居高、弱者淘汰的机制，而"人管人"会导致人才流失。

企业对员工的管理不应是随心所欲的，而应是标准化的，即对员工的管理是有凭证可言，有准绳可依据的，而凭证和准绳就是经过量化后的制度。量化后的制度，既能实现对员工的高效管理，也能使公司以往的经验得到应用。依照规章制度办事，能够有效消除"潜规则"现象，企业可以平等管理每个员工，为所有人提供成长的空间。

一个成功的企业离不开完善的制度，优秀的制度可以保证企业高效运转。制度是推动企业发展，使企业对员工进行公平、公正管理的必备条件。制度还能够为管理者开展管理工作提供方向，有利于企业员工整体素质的提高，更有利于企业的长远发展。

7.2　上下班打卡制度：按时上下班

上下班打卡是规范员工考勤管理的有利制度，能够让员工严肃对待企业工作纪律。企业需要将上下班打卡制度形成相关文字材料，将上下班打卡制度作为一项规范性制度。一般来说，打卡制度应包括以下5项内容。

1.打卡时间

打卡时间是打卡制度中的基础内容，是员工考核的重要指标。通常情况下，上下班的时间即为打卡时间。例如，企业上下班时间为早上九点和下午五点，那么员工打卡时间则不能晚于早上九点，不能早于下午五点，否则就要按照迟到、早退处理。

2.打卡次数

打卡次数是考勤时所依据的重要指标之一。通过统计员工的打卡次数，人事部门就能对员工的出勤情况进行核对。

3.漏打卡处理办法

漏打卡属于员工自身的失误，理应由员工自己承担后果。但为了体现企业的人性化管理，企业应当在这方面放宽一些要求。例如，员工漏打卡时，可以以当天的工作量作为证明，否则就要按迟到、早退或旷工处理。另外，企业还要规定员工每个月的漏打卡次数，如果员工漏打卡次数过多，超过一定次数的就按迟到、早退或旷工处理。

4.替打卡处理办法

替打卡是一种非常恶劣的违反企业制度的行为，企业必须严加处理。一旦发现此类情况，替打卡者与被替者都要接受处罚。

5.特殊情况特殊对待

周亮平时上班从未迟到过，但某一天迟到了3小时。部门负责人对此很不理解，于是便询问周亮迟到的具体原因。周亮说他在上班路上看到一位老人晕倒在地没有人管，于是他将老人送去了医院。

为了体现企业的人性化管理，企业需要对特殊的迟到情况做出明确规定。如果是像周亮这样因为助人为乐而迟到，那么企业可以不按迟到处理。另外，员工因公事在上班时间外出，不按早退、旷工处理。

所有员工、所有部门都应该严格遵守企业设立的打卡制度。如果在实际实施的过程中发现打卡制度存在不妥之处，企业可以进行修改，修改之后的新制度应及时向员工公布。

7.3 内部协作制度：加强团队沟通

企业内部必须团结一致，这样才能够形成凝聚力，更好地参与市场竞争。要想团结一致，团队之间就要加强沟通，因此企业要设立内部协作制度，协调各部门、团队之间的合作事项。企业内部协作制度主要包含以下3种机制。

1.内部沟通协调机制

无论企业规模大小，企业管理者与下属员工之间都必须保持密切的沟通。员工与员工、管理者与管理者之间要建立良好的沟通渠道。

企业内部的沟通渠道可以分为正式与非正式两种。正式的沟通渠道主要有周会、月会等正式会议，非正式的沟通渠道主要有小型聚会、各种团建活动等。

不论通过哪种渠道进行沟通，也不论沟通双方的职级高低，有效沟通的前提是换位思考及互相尊重。只有站在对方的角度思考问题，才能够拉近彼此的距离，双方的沟通才能取得成效。

2.内部管理协调机制

在大型企业中，繁杂的事务需要多位管理者共同管理，因此企业内部必须建立管理协调机制。

建立内部管理协调机制的关键在于管理者。如果管理者认可这种机制，那么这种机制就能够发挥应有的效果，反之，再好的制度也不过是摆设。为了让管理者能够更好地践行内部管理协调机制，企业可以加强对管理者的引导，例如，企业可以召开管理者座谈会，组织管理者学习最新的管理理念。

3.各部门之间的协作机制

虽然企业各部门有着明确的分工，但在实际工作中，需要不同部门进行协作的事务有很多。如果企业没有各部门之间的协作机制，那么部门合作的效率将会非常低，甚至会严重影响企业的业绩。

为了解决这一问题，企业应该平衡好各部门的目标与企业的整体目标之间的关系，实行部门管理者轮调制，这样可以增强部门管理者对企业整体业务的了解，有利于促进不同部门之间的协作。

7.4 权责清晰制度：明确自身责任

企业管理者需要向员工阐明相关的权利与责任范围，明确其在工作中的权利与责任，给予员工一定的压力，在企业内部形成良好的竞争氛围。

权责清晰制度下的每一位员工都有强烈的危机感，因为只要自己不够优秀，在竞争中处于劣势地位，就有可能面临被淘汰的风险。在激烈的竞争下，员工会尽自己最大的努力出色地完成工作。

权责清晰制度落实到实际操作中主要有3种形式，分别是调岗、重新培训、合同到期后不续签。管理者在实行这一制度时须遵循一个前提，就是一定要通过综合考量，准确判断员工的能力。

"没有不称职的员工，只有不合适的职位"。员工在绩效考评中处于最后一名很有可能是因为他被安排在不合适的岗位上。调岗能有效解决员工与岗位不匹配的问题。调岗可以是降职，也可以是同层级的调换。

重新培训是指让员工重新参加岗位培训，复习岗位知识，如果经过一段时间的学习之后，员工仍不能胜任工作，那么管理者要考虑对员工进行降职或淘汰处理。

合同到期后不续签是指企业与员工双方达成一致，同意合同到期即止，员工不再为企业提供劳动。如果合同到期后双方没有续签，员工继续在企业工作，则视为双方同意以原来的条件继续履行合同。

另外，对于离开团队的员工，管理者可以采取一种特殊的方式处理：返聘。阿里巴巴就是返聘制度的推行者。阿里巴巴规定，员工第一次被淘汰后的3个月内，可以被重新聘任。返聘制度相当于管理者给予被淘汰员工一次改正的机会，员工会珍惜这次得来不易的机会，努力提升业绩。返聘的员工比较熟悉公司文化和制度，能更好融入团队。

7.5 师徒制度：订立师徒协议

师徒制度由来已久，在当代企业中得到了广泛应用。企业实行师徒制度，能够充分发挥老员工的经验价值，使新员工能够以最快速度熟悉工作，提高工作能力，尽快步入正轨。

李红入职了上海一家服装销售企业，销售主管安排了一名业绩优秀的老员工赵洁指导李红。实际上，李红在工作中并没有得到赵洁的帮助，更多的是自己摸索、自力更生。李红观察后发现，同期入职的其他同事也没有得到师傅的太多提点，李红认为这样的制度是有问题的，于是便向销售主管反映了这个现象。

销售主管得知了这一情况，便进行了实际考察，之后决定对销售团队中的师徒制度进行改革。改革后的师徒制度规定：师徒二人要签订一份纸质的协议，协议中约定师傅需要承担的责任，以及徒弟在经过指导后需要达到的效果，并对师傅的薪资结构进行了相应的调整。在对师徒制度进行改革后，销售部门的新员工都得到了师傅的指导，成长速度飞快，团队的销售额增长速度也提升许多。

以上案例中的企业将师徒关系通过师徒协议进行绑定，并将徒弟的工作成果与师傅的薪资绑定。这样的制度能够使师傅将注意力集中于徒弟身上，更加用心地带好新员工，使新员工能够尽快上手，为企业发展贡献自己的价值。

师徒制度是一种非常传统的基础制度。在企业发展壮大的过程中，肯定会有新员工入职。新员工入职后，企业除了对其进行必要的培训外，还要通过师徒制度让新员工尽快熟悉岗位工作，尽快承担起重任。

销售部门的员工在工作中要和各种类型的顾客打交道，如果新入职的员工在人际交往方面没有过多的经验，也没有老员工的指导，那么新员工的工作就会很容易出现问题，或遇到瓶颈。

而在师徒制度下，老员工不仅能够帮助新员工尽快提升工作能力，还能够很好地向新员工传递团队文化与价值观，有助于新员工尽快融入集体。师徒制度有助于降低员工流失率，有利于企业的长远发展。

7.6　团队PK制度：团队竞争推动企业发展

团队PK制度不仅能够提高员工的工作积极性，还能够提高团队整体业务能力。

一个优秀的团队往往具有很强的凝聚力，团队成员之间能够相互合作、相互信任。而团队PK制度就能够有效提升团队凝聚力。

河北一家数码专营店的销售经理将6名店员划分为A、B两个小组，并让两个团队进行PK。PK的目的是促进员工之间的熟悉与了解，增强团队的凝聚力，提高产品销售业绩。PK的周期是3个月，以1个月作为一个小节点，对两个团队的业绩进行核算。PK结束时，根据结果向业绩突出的团队发放一定奖励。

A组的3名成员中有一名是新入职的员工，其对工作内容与团队成员都不熟悉；而B组有一名员工是调岗来到该店的，其业务能力较强但团队意识淡薄。在PK的第一个月，A组由于新员工对业务不熟悉而处于弱势，故而在PK中落败。

B组那位调岗来到该店的员工，需要顾及家庭事宜，因此不能对工作保持最大的投入度，业绩逐渐下滑。而A组的弱势情况也因新员工学习能力较强、成员相处十分和谐而有改观。A组在第二个月、第三个月逐渐赶超B组，获得了季度PK的胜利。

在一个季度后，项目经理将6名店员打散重组，重新分为A、B两组，进行全新的团队PK。这样的做法不但能够使上一季度中的落败方重塑信心，还有利于内部员工的团结，打破内部的小团体。

周期性地进行团队PK，一方面可以使员工保持工作积极性，提升工作效率；另一方面可以使企业充满活力，促使业绩不断提升。

7.7　红黄线制度：请假、旷工、重大工作失误等

红黄线制度是指企业在规章制度中对一些事项和行为明令禁止。对企业造成一定损害的行为为黄线，对企业造成严重损害的行为则为红线。简而言之，红黄线制度就像企业中的高压线，严禁触碰，否则会酿成惨痛后果。

1. 请假

企业的请假制度需要严格遵守《中华人民共和国劳动法》（以下简称《劳动法》）的相关规定，在此基础上，企业可以根据自身情况对其进行细化。请假制度需要包含以下几个方面的内容。

（1）员工请病假时，可向上级领导提出临时申请，事后需要补交病假条。若发现员工对病假条进行涂改、伪造，企业可以根据情节严重性对员工进行相应处分。

（2）员工请事假时，需要提交书面申请，并写明事假时长、原因等内容。核算工资时，企业需要根据员工请事假的天数扣除相应工资。

（3）员工请带薪假时，必须提前一天以上进行申请，例如，婚假、产假、探亲假等可预知的休假，员工需要提前进行报备申请。

2.旷工

旷工是指员工在正常工作日未请假或请假未获批准而无故缺勤的行为。旷工是一项非常恶劣的违纪行为，会使团队工作交接出现问题，轻则影响工作进度，重则使重大项目的进程停滞，让企业蒙受巨大损失。

旷工由以下3个要素构成：一是未按照劳动合同为企业提供劳动，二是未获得领导批准，三是无正当理由。

现行的《劳动法》及相关的法规、条例中没有处罚旷工行为的具体标准，所以企业应当在其所制定的规章制度中规定处罚办法。很多企业在处理员工旷工这一问题时，通常会采取扣工资的方法。但对于旷工扣工资，法律中是有明确规定的，即使员工出现了旷工行为，企业只能扣除其被认定为旷工时间内的工资，而不能扣除其多余的工资。若员工连续旷工或一次性长时间旷工，企业通常会和其解除劳动合同。

3.重大工作失误

重大工作失误包含3个方面：一是失误，不具有主观故意性，一般表现为行为人疏忽或欠缺经验所出现的差错；二是失职，在一定程度上具有主观故意性，一般表现为行为人在工作岗位上态度消极、不负责任，对企业运营造成恶劣影响，并使企业蒙受损失；三是渎职，具有很强的主观故意性，一般表现为在工作岗位上玩忽职守、滥用职权、徇私舞弊，使企业蒙受重大损失。

《工资支付暂行规定》第十六条规定："因劳动者本人原因给用人单位

造成经济损失的，用人单位可按照劳动合同的约定要求其赔偿经济损失。经济损失的赔偿，可从劳动者本人的工资中扣除。但每月扣除的部分不得超过劳动者当月工资的20%。若扣除后的剩余工资部分低于当地月最低工资标准，则按最低工资标准支付。"因此，如果员工因重大工作失误使企业蒙受经济损失，企业有权依照规定要求员工赔偿。

7.8　出差制度：人不在也必须管

企业制定出差制度是为了更好确保员工的生命安全和工作效率。企业的出差制度中应该对一些与出差有关的问题做出明确规定，例如，员工出差的交通方式究竟是选择飞机还是火车、员工出差的考勤应该怎样计算等。

员工出差前必须认真填写出差申请表，上面需要注明出差的时间、地点和原因，企业行政部再据此安排出差员工的差旅、住宿等事宜。员工填写完出差申请表后，需要把申请表送到人力资源部留存和记录考勤。

员工出差需要经过审批，审批的内容是出差的时间和交通方式。例如，员工出差当日就可以返回的，一般由部门负责人审批，远途出差需要由部门负责人核准，并上报企业领导进行审批。在交通工具的选择上，则根据具体情况而定。如果路途较近，则优先选择汽车、火车等较为便宜的交通工具；如果路途较远，则要选择高铁、飞机等交通工具，但要优先选择二等座或经济舱。

在员工出差过程中，部门领导有责任督促员工每天汇报工作。在员工出差结束后，部门领导则要及时向员工索要出差报告。

除此之外，企业应该考虑到员工在出差途中生病等意外情况，对因特殊情况而导致的出差时间延迟，企业要有明确的规定。这样既可以体现企业的人性化管理，又可以为员工提供完善的出差保障，使员工在出差时无后顾之忧，有利于提高员工对企业的忠诚度。

7.9　报销制度：重视员工的每笔支出

报销制度是每个企业必不可少的重要制度，同时也是控制企业经营成本、规范整体规章制度的重要内容之一。员工出差的差旅费、食宿费等都需要报销，若是没有完善的报销制度，企业与员工双方的利益都难以得到维护。

报销制度要尽可能地细化、全面，而且要对各种情况进行综合考量。报销流程要简洁、方便，保证企业高效运营。

企业应对员工提交的报销单据及具体内容进行仔细核查，保证报销项目的真实性和必要性。对于报销范围，企业也应有明确的界定，例如，哪些支出属于必要支出可以报销，哪些支出属于个人支出或不必要支出，不予报销。将这些内容通过制度进行明确，能够在一定程度上节省企业的成本。

需要注意的是，企业还要确立规范的报销审批流程以及审批权限。一般来说，报销审批流程是这样的：经办人提交—上级主管审核—总监审核—财务负责人审核—总经理审批—出纳支付。特殊费用的报销，则要依照特殊流程进行。不同层级的管理者具有不同的审批权限，企业应对审批权限做出明确的规定。

7.10 员工胡乱报销，企业损失上万元

大型企业的费用报销非常多，财务人员稍有不慎便有可能给企业造成损失。一些员工会抓住企业报销漏洞，胡乱报销，加重企业的成本负担。因此，企业除了制定报销制度外，还要制定虚假报销处罚制度，警醒全体员工。

王刚是一家广告企业的销售人员，在开展业务的过程中，产生了一些可以报销的费用，因此他提交了报销单。而后企业对报销凭证抽检时，发现王刚提交的发票存在很大问题。发票的开具方从事的行业属于"商业服务业/其他服务业"这一类别，而非王刚在申请表中所填写的餐饮行业。同时，经企业实地调查，发票开具方注册地点并未开设餐厅，就餐结算单中的菜品是王刚伪造的。

通过以上证据确定王刚存在虚假报销行为后，企业核实其报销金额，共计约4万元。企业对王刚处以罚款降级，并要求王刚返还虚假报销费用。企业以王刚的案例昭告全体员工，若出现类似问题将从严处罚，对屡教不改者或是数额巨大情节严重者将会报警处理。

除了制定虚假报销处罚制度外，企业要想杜绝虚假报销等一系列恶劣行为的出现，还应从以下4个方面入手。

1.企业风气

企业风气要积极向上，对谎言零容忍。如果企业偷税漏税，利用虚假票据抵税，又如何要求员工诚信守法呢？

2.企业制度

如果企业制度完善，流程明确，凡事有法可依、有据可查，那么出现恶性事件的可能性将大大降低。

3.逐级把关

员工的直属上级应对自己团队内员工的报销行为严格把关，明确产生费用的原因，判断费用的合理程度，辨别报销发票真伪。同时，财务人员也需要对报销流程、报销申请人、上交的单据等严格把关。

4.结果处理

针对虚假报销等性质极其恶劣的行为，企业可以采取"杀鸡儆猴"的方式，警示全体员工，从而降低恶劣行为发生的概率。对屡教不改者，企业可以加大处罚力度，甚至可以报警。

<table>
<tr><td>第**8**章</td><td>员工招聘：将精英人才
纳入麾下</td></tr>
</table>

　　员工是企业运营的动力来源，也是支撑企业发展壮大的核心资源。如果企业招聘的都是高素质人才，那么日后的运营压力就得以减小，运营效率就得以提高。想要将精英人才纳入麾下，企业就要在源头把好关，通过多种渠道筛选人才，并对人才做出正确的评估，为人才提供足够的成长资源，使人才的价值最大限度地发挥出来。

8.1　线上招聘：智联、BOSS直聘、58同城等

　　互联网的普及给招聘和应聘双方都带来了很大的便利，线上招聘、视频面试已经成了企业招聘人才的重要途径。

　　对于企业来说，适合在招聘网站上招聘的人才一般有3种：中低端人才、技术人才和中层管理人才、核心技术人才和高级管理人才。

　　中低端人才具有的明显特征是年纪较小，学历不是很高，没有突出的

专业技能，但是喜欢用电脑、手机等电子产品来找工作。这种人才的流动性比较大，多从事住宿、餐饮等服务性行业或者零售行业，如收银员、导购员、服务员等。这些岗位在赶集网或者58同城上比较常见。

技术人才和中层管理人才的特点是掌握一些技能，大多接受过高等教育，而且从事过相关工作，相对来说稳定性比较强，如设计师、工程师、程序员、网络编辑等。这些岗位适用的企业比较广泛，这类人才在智联上较为常见。

核心技术人才和高级管理人才，如大学教授、专家、总经理等。这类人才掌握核心技术，而且一般都具有非常丰富的经验，对企业的发展起着非常重要的作用。这类人才一旦融入企业，就能够和企业共患难。高新企业和知名院校往往需要这样的人才，招聘这类人才最好通过猎聘网、BOSS直聘等。

网络招聘有一个明显的特点，就是招聘不受地域的限制，能够聚集全国各地的人才，受众人数比较多，覆盖范围广。这样就可以避免因为地域的限制而招不到合适的人才，企业对人才的可选择性也大大提升。

在网络上招聘，企业可以在较短时间内获得大量的应聘者信息，之后企业就可以对这些应聘者的简历进行筛选。由于网络信息繁杂，很有可能出现一些虚假和无用的信息，因此，企业在网络上进行招聘需要做好筛选工作。

8.2　校园招聘：选好目标高校

每年的秋季和春季，很多企业都会在高校开展校招。企业中负责校招的人员会到学校做宣讲，吸引即将毕业或想要实习的学生前来应聘。

学校也会向企业推荐一些优秀学生，毕业之后，学生可以直接进入企业工作。

校园招聘包括企业在高校、中等专业学校举办的招聘活动，以及发布在网上的校园招聘信息。这种招聘方式比较适合有自身培训机制、规模较大和晋升通道完善的企业，尤其是一些传统制造企业、房地产企业、互联网企业、电商企业等。

企业在许可时间内越早开展校园招聘，所取得的效果越好。在条件允许的情况下，企业还可以制订暑假实习生招聘计划，补充校园招聘。这个计划可以帮助企业尽快了解毕业生的具体情况，以在招聘会上抢得先机，还可以帮助企业减少实习成本。

校园招聘属于定向招聘，所以其计划性比较强。企业应该结合自己的年度人力资源规划或者现阶段的人才需求，确定校园招聘的数量和专业。去哪个学校招聘，还要根据企业的规模、所属行业而定，大中型企业通常会在几个大类专业中挑选出综合素质更高的学生。

例如，在零售行业实现快速扩张的国美和苏宁，曾举办过"千人工程"，招聘的毕业生集中在经济管理和市场营销类专业。校园招聘能够提高企业在高校圈的知名度，可以为企业储备人才，为建立良好的校企合作关系奠定基础。

8.3 内部推荐：从内部选拔人才

内部推荐不受行业和岗位限制，能够通过社交关系网迅速为招聘和应聘双方建立联系。在大型企业中，内部推荐是一种常见的招聘方式，能够有效解决人员短缺、人员素质与岗位不匹配的问题。

内部推荐这种招聘方式大多存在于那些工作环境和福利待遇受到员工认可的企业中。在内部推荐这一方式下，被推荐人可以从推荐人那里了解企业的实际情况，针对性和目标性都比较强，因此内部推荐的成功率比较高。

在内部推荐这一招聘形式下，推荐人在岗位的任职要求的基础上，利用自己的人脉进行人选搜查，以提升企业和应聘者的速配率。由于被推荐者对企业的情况有所了解，上岗后能够很快适应角色，这能有效降低离职率。

虽然内部推荐能够节省招聘成本，并减轻HR的工作负担，但是内部推荐也隐藏着一些不容忽视的风险。如果在选拔的过程中，HR碍于推荐人的面子或者被推荐人是HR的熟人，那么HR可能会把关不严，降低标准录用被推荐人。HR在这一方面如果处理不当，可能会引发内部员工之间的矛盾，从而影响工作效率。

因此，为了避免不良现象的发生，企业应该制定内部推荐制度，统一控制被推荐人的选拔进程。推荐人应先将被推荐人的资料发往人力资源部，由人力资源部筛选后，再推荐给用人部门。HR还需要对被推荐人的资历做出明确的规定，而且要按照正常的流程对被推荐人进行面试，并对重点岗位的被推荐人开展背景调查。

8.4 简历筛选的"一控一淘六看"

简历是企业最直观地了解求职者的渠道，也是企业与求职者初步交流沟通的基础。做好简历的筛选工作能够显著提高后续招聘流程的效率。简历筛选主要遵循"一控一淘六看"的原则。

"一控"指的是控制接收简历的数量，如果无止境地接收简历，那么招聘永远无法结束，企业始终招不到最合适的员工。

"一淘"指的是直接淘汰不符合标准的简历。例如，在工作成就一栏中，有的应聘者会写"某大奖第十八名"，实际上根本没有这个奖，企业应当将这种不据实填写简历的人第一时间淘汰掉。

"六看"具体指的是以下6点。

（1）审核简历中的基本信息，包括性别、年龄、学历、工作经验等。

（2）审核简历的整体风格，有无错别字，陈述是否条理清晰、语言简练。通过这一步的审核，HR能够为求职者绘制一个初步画像，对求职者有初步的印象。

（3）对简历中的过往经历进行重点审核。通过对求职者简历中的过往经历进行分析，HR能够对求职者的能力有一个大概的评估，从而判断求职者与岗位的匹配度。

（4）注意审核简历中的逻辑问题。考察求职者在描述自己的过往学习、工作经历时是否条理清晰、符合逻辑，是否有前后矛盾的地方。

（5）审核简历中的主观内容，主要包括自我描述、个人评价等内容。分析求职者的性格特点及文化素养是否符合企业文化，以及求职者的发展规划是否与岗位发展方向一致。

（6）审核简历中求职者的期望薪资。将求职者的期望薪资与企业能够给出的薪资进行对比，了解其中的差距，再结合企业发展现状和求职者的能力，判断求职者是否符合企业的招聘需求。

8.5　如何安排面试

面试是指招聘者与应聘者进行面对面的交流。企业既可以在线下对应聘者进行面试，也可以在线上对应聘者进行视频面试。具体选择哪种面试方式，企业要综合多方面因素考虑。

面试是招聘者与应聘者互相了解的重要途径。例如，招聘者可以通过应聘者对问题的回答，对应聘者有一个直观的判断，对应聘者的综合素质进行评估。而应聘者也可以通过对招聘者的专业程度进行评估，判断企业的综合实力。

1.面试前的准备

首先，招聘者要清晰地了解所招岗位的职责，以及应聘者应该具备怎样的知识技能、素质等。其次，招聘者应提前设计好在面试中要提问的问题，并确定评估标准，以确保面试的严谨性以及效率。最后，招聘者要做好面试的时间计划，并和应聘者协商一致，确保面试能如期进行。

2.面试中的控制

招聘者对面试过程的控制将直接影响招聘工作的质量及成败。那么招聘者应如何对面试过程进行控制呢？面试中的控制主要分为以下几个方面。

（1）主动引导，随时控场。招聘者要主动引导应聘者回答问题，并运用相关技巧调节面试氛围，做好情绪管理。

（2）控制时间及节奏。安排好问题的顺序及每个问题占用的时间、问题的重点等，把控提出问题的节奏。例如，对于一个问题需要了解到什么深度，招聘者需要在实际招聘中做好有效控制。

（3）及时记录要点。在面试时，招聘者应及时对一些关键信息做好记录，以便之后将所有候选人进行对比，从中选择最适合的那位。

（4）避免主观因素。招聘者应公正地对待每一位应聘者，避免因个人主观因素影响自己对应聘者的客观判断，尤其要避免"像我效应""晕轮效应"等误区。

3.面试结束后程序处理

在面试结束后，招聘者需要整理好应聘者的资料，对各位应聘者的优劣势进行分析、评价，给所有应聘者排序，从而确定最终被录用的应聘者。面试流程的最后一步是向各位应聘者发送面试结果通知，需要注意的是，出于对应聘者的尊重，即便应聘者没有被录用，招聘者也应向其发送结果通知。

8.6　员工入职前讲明劳动合同

劳动合同是保障企业与员工双方利益的法律依据。根据《中华人民共和国劳动合同法》（以下简称《劳动合同法》）的有关规定，企业要在员工入职1个月内与员工签订劳动合同。

在现代的企业管理制度中，正式的劳动合同有3个方面的作用：第一，它可以强化用人单位和劳动者双方的守法意识；第二，它可以有效地维护用人单位和劳动者双方的合法权益；第三，它有利于及时处理劳动争议，维护劳动者的合法权益。因此，不论是从企业的角度来看，还是从劳动者的角度来看，签订劳动合同都是非常有必要的。

《劳动合同法》中规定，可以解除劳动合同的前提是"劳动者不能胜任工作，经过培训或者调整工作岗位，仍不能胜任工作的"。也就是说，如果员工不能胜任某个岗位的工作，公司在给予一定的培训或者调岗之后，员工仍然不能胜任工作，那么公司就可以直接和员工解除劳动关系。

但是在以下5种情况下，公司不能单方面地和员工解除劳动关系。

（1）从事接触职业病危害作业的劳动者未进行离岗前职业健康检查，或者疑似职业病病人在诊断或者医学观察期间的。

（2）在本单位患职业病或者因工负伤并被确认丧失或者部分丧失劳动能力的。

（3）患病或者非因工负伤，在规定的医疗期内的。

（4）女职工在孕期、产期、哺乳期的。

（5）在本单位连续工作满15年，且距法定退休年龄不足5年的。

在解除劳动关系的时候，企业还应该给予离职员工一定的经济补偿。劳动者在本单位的工作年限每满1年，企业就要向员工支付1个月的工资；6个月以上不满1年的，则需要按照1年计算；不满6个月的，企业需要向劳动者支付半个月的工资作为经济补偿。

如果企业违反了《劳动合同法》的规定，单方面解除或者终止了劳动合同，就需要按照以上标准的二倍向劳动者支付经济补偿。

8.7 缺少入职协议，老板成被告

很多企业认为，与员工签订劳动合同就要帮员工缴纳保险，日后如果员工出现问题，企业还要赔偿，故而不与员工签订劳动合同。这种做法不道德且违法。

上海一家零售公司的在职员工有100余人。2021年初，该公司通过校招，招聘了一名大四学生杨帆。因为他未毕业，所以该公司只和他签订了实习协议。实习期间，杨帆的表现很优秀，所以该公司让他自2021年7月1日开始，继续在公司任职。但该公司一直不愿意与他签订劳动合同，也不愿意给他缴纳社保。

而后杨帆在出差期间不幸发生车祸，该公司以"此人并非我司员工"为由拒绝支付医药费及赔偿。因为没有签订劳动合同，该公司也没有给杨帆缴纳社保，加之肇事车辆逃逸，暂时没有找到对方，所以杨帆住院期间的一切费用均自理。

最终，杨帆咨询律师后将该公司起诉至法院，法官经过审理后确认了杨帆与该公司之间存在劳动关系，判决该公司赔偿杨帆各项费用共计121897.6元。

我国《劳动合同法》第十条规定："建立劳动关系，应当订立书面劳动合同。

已建立劳动关系，未同时订立书面劳动合同的，应当自用工之日起一个月内订立书面劳动合同。

用人单位与劳动者在用工前订立劳动合同的，劳动关系自用工之日起建立。"

第八十二条第一款规定："用人单位自用工之日起超过一个月不满一年未与劳动者订立书面劳动合同的，应当向劳动者每月支付二倍的工资。"

该零售公司的老板原本想着与职场小白不签合同也无所谓，还可以省下一大笔费用，却没有想到这种做法不仅不道德，而且违法。这件事导致该公司的品牌形象彻底坍塌，公司内部一些新入职的员工纷纷要求公司保障自己的合法权益，最终这家公司黯然消失在市场中。

第 9 章

薪酬体系：激发员工干劲的法宝

薪酬体系是激发员工干劲的法宝，因此如何设计薪酬体系对于一个企业来说至关重要。合理的薪酬体系能够对企业人力资源进行科学的分配，让每个员工都对自己的薪酬满意，进而实现留住人才的目标。而合理设计薪酬体系就需要企业从自身实际出发，将科学的理论与自身情况相结合，满足员工的薪酬需求，促进企业的效益增长。

9.1 设计薪酬体系的 5 个基本原则

在设计薪酬体系时，创业者要遵循 5 个基本原则。

1. 战略导向性原则

战略导向性原则是指企业的薪酬体系可以为企业人力资源管理及企业发展提供方向性指引。基于该原则设计出来的薪酬体系更加符合企业的实际发展情况，可以提升薪酬的激励功能，充分激发员工的工作积极性，促进企业效益的实现与进一步提升。

2.相对公平原则

薪酬设计的相对公平性是企业实现公平管理的基础，是影响员工去留的重要因素。在设计薪酬体系时，创业者需要兼顾外部公平和内部公平两个层面，保持员工薪酬的相对公平性。

外部公平是指员工的薪酬具有市场竞争力。内部公平是指通过员工薪酬反映出来的各岗位对企业发展的价值贡献，需要能够突出各岗位之间的薪酬差距。

3.激励性原则

企业的薪酬体系应遵循激励性原则。有效的薪酬激励，可以充分激发员工的潜能，调动员工工作积极性，促进员工正向发展，完成企业预期目标。这就要求创业者在设计薪酬体系时，要更多地从员工个人需求及成长的角度出发，与企业发展紧密联系，实现利益正相关。

4.经济性原则

员工是推动企业发展的主要力量。员工工作的根本目的在于实现自身价值，获得相应的报酬。因此，企业应根据员工对企业做出的贡献给员工发放相应的薪酬。企业在设计薪酬体系时，应遵循经济性原则，一方面要确保薪酬有竞争性和激励性；另一方面要确保薪酬体系符合企业的实际发展情况，确保企业有足够的资金用于可持续发展。

5.合法性原则

企业必须保证所设计的薪酬体系不违反相关政策和法律法规。与薪酬相关的法律法规能够维持社会经济发展，保障员工的合法权益。企业内相关的薪酬管理人员应当熟悉这些法律法规，认真研究其中的细节性规定，从而使企业的薪酬体系进一步规范化、合法化。

9.2　做好内外部薪酬调查

薪酬调查是设计薪酬体系的重要依据，它为创业者提供了了解外界同行薪酬水平的渠道，使创业者能够知己知彼，为企业在市场竞争中获得优势奠定基础。薪酬调查不仅能够解决薪酬的对外竞争力问题，还能够解决对内公平性问题，保证薪酬体系能够对员工起到有效的激励作用。

通常情况下，内部薪酬调查开展起来较为容易，创业者可以通过询问人事部门和财务部门相关人员、邀请员工填写薪酬调查问卷等方式进行内部薪酬调查。

进行薪酬调查的重点在于外部薪酬调查。外部薪酬调查是指企业对竞争企业同类型岗位的薪酬水平进行调查，目的是以合适的人力成本引入所需人才。

深圳一家服装制造企业每年春天都招不到熟练工。企业负责人胡总对此十分发愁，他表示自己工厂的设备是最好的，他每年都给员工涨工资，但就是招不到熟练工。朋友反问他："你知道你的同行给员工涨多少工资吗？"

原来胡总为了保护自己的核心生产技术，很少参加当地的同行聚会，也不了解市场中熟练工的薪资水平。在这样的情况下，他给熟练工开出的薪资在市场中就缺乏竞争力。

为了调查清楚，首先，他在招聘软件上查看了同行企业给熟练工开出的薪资；其次，他去同行企业的网站上寻找公开的人力资源信息；最后，他结合不同企业的经营状况总结出了行业内公认的薪资水平，并以此为依据调整了企业的招聘薪水。终于，胡总的企业引进了大批的熟练工，企业当年的业绩几乎是前一年的两倍。

由此可见，企业进行外部薪酬调查十分重要。企业可以通过招聘平台、社交网络等渠道，与要调查的目标企业达成合作，互相分享企业的薪酬信息。但由于同行企业往往是竞争关系，因此这一方法操作起来有些困难。企业可以通过招聘网站或人才交流部门公开发布的信息来了解同行企业的薪酬水平，也可以在面试时通过求职者侧面了解同行企业的薪酬水平。当然，最专业的还是通过薪酬调查机构调查同行企业的薪酬水平，虽然这需要支付一定的费用，但数据的准确度很高，也更有参考价值。

9.3　以岗定酬，同工同酬

以岗定酬，同工同酬是维护薪酬体系公平的基本方法之一。试想如果工作强度、任职条件、职责大小等不同的岗位有着一样的工资，强度大、任职条件严苛、承担责任多的岗位的员工会认为不公平，这势必造成企业内部混乱。创业者要从多个角度对岗位进行价值评估，确定岗位的相对价值，以此来确定对应的薪资水平。

以岗定酬有利于改善企业的劳资关系。岗位价值评估可以提供一种通用的技术语言和程序，使员工与管理者对评价的看法趋于一致。这有利于消除企业薪酬体系方面的不公平因素，也利于建立易于员工理解和接受的薪酬体系。

一般情况下，科学合理的岗位价值评估可以分为以下5个环节。

1.岗位价值评估模型的设计与选择

岗位价值评估的作用在于通过一系列科学方法，得出企业内所有岗位的相对价值。在进行岗位价值评估前，企业首先需要结合自身情况，设计、选择合适的岗位价值评估模型。

2.成立专业的评估小组

在进行岗位价值评估时，企业需要建立专业的评估小组，通过一定的培训使其得到一个较为统一的观念以及专业的评估技巧，以便进行后续的评估工作。

3.岗位价值试评估

为保证评估工作的严谨性，在正式进行岗位价值评估前，评估人员应先对一部分岗位的价值进行试评估。

4.正式评估

在进行岗位价值试评估后，企业应对试评估时出现的问题进行相应的调整，然后便可在企业内进行正式的岗位价值评估。

5.数据处理及应用

评估人员需要对评估数据逐个审查，在确认数据有效的基础上，进行数据统计。如果发现数据存在异常现象，评估人员应该再次确认，有必要的话，还需要对个别岗位进行二次评估。数据处理无误后，便可对数据进行合理应用。

9.4　薪酬架构：固定工资、补贴、奖金等

薪酬架构设计是薪酬体系设计的基本环节，科学合理的薪酬架构有助于员工高效地工作，在企业内部形成良好的工作氛围，进而推动企业发展。同时，合理的薪酬架构还能够控制人力成本，促进企业资源有效分配，实现收益最大化。

薪酬架构设计主要包括薪酬类型设计和薪酬比例设计两部分。在设计薪酬架构前，创业者首先需要了解企业的职位序列划分情况。企业中常见的职位序列如下表所示。

企业中常见的5种职位序列

职位序列	定义	实例职位
管理职位序列	承担经营管理指标的企业管理职位	总经理、副总经理
销售职位序列	承担企业产品销售工作的职位	销售代表、销售主管
技术职位序列	承担企业技术研发、技术实施的职位	研发工程师、项目经理
职能服务职位序列	承担企业内务管理的职位	财务、人力资源、行政
生产职位序列	承担企业产品生产的职位	生产工人

企业员工的薪酬主要包括以下几种类型。

（1）基本工资：基本工资通常用来保障员工的基本生活需求，一般情况下不会设置得过高。若员工的基本工资较高，薪资的激励性会有所降低。

（2）岗位工资：岗位工资是根据员工所任职岗位的职责大小设定的。员工的岗位级别不同，所得薪资也不相同，员工的岗位级别越高，所得薪资也越多。这样能够促使员工不断提升个人能力，努力向更高级别的岗位晋升。

（3）技能工资：技能工资是根据员工个人工作技能的强弱而设定的。通常情况下，员工的技能越高，获得的薪资越多。

（4）绩效工资：绩效工资是根据企业设定的绩效评估体系，判断员工的工作成果，从而支付给员工相应的工资。

（5）年资工资：年资工资是根据员工在企业的工作年限，向员工发放定额的薪资。该部分薪资主要用来鼓励员工长期为企业服务。

（6）补贴补助：补贴补助是企业根据员工的实际需求，针对某些方面对员工进行一定金额的补偿，常见的补贴补助有交通补贴、租房补贴、餐饮补贴等。

（7）法定福利：在相关的法律法规规定下，企业依法为员工提供的一些福利项目。

除了上述薪酬类型外，许多企业还设计了很多非经济性薪酬，包括舒适的工作环境、员工成就感、良好的发展前景等。

在实际中，企业需要结合自身情况调整薪酬比例，包括固定、变动的薪酬比例，短期、长期的薪酬比例，以及经济、非经济的薪酬比例，以实现对人才更好的管理，促进企业更好的发展。

9.5 根据情况设计涨薪幅度

在企业的实际经营过程中，企业的薪酬架构并非一成不变。试想如果员工入职5年的工资和刚进入公司时的工资一模一样，那么员工是否会抱怨，认为自己5年的付出一文不值？而且市场随时在变化，如果企业不能紧跟市场变化及时调整薪酬架构，那么企业的薪酬架构就很难发挥出它应有的作用。

设计涨薪幅度的关键在于将员工的工作能力、职位价值与所得薪酬对应起来。通常情况下，员工的工作能力、职位价值与所得薪酬呈正相关关系，即员工的工作能力越强、职位价值越高，获得的薪酬越多。

如果企业给员工发放的薪酬无法符合大多数员工的预期，就意味着企业的薪酬结构存在问题，这样的薪酬结构不利于企业的发展。因此企业需要定期进行薪酬评估，将员工工作能力、职位价值与他们所得的薪酬联系起来，同时密切关注行业内薪酬水平、企业内部员工薪酬满意度等问题，再结合企业自身发展战略，确定涨薪幅度，确保企业薪酬结构具有科学性、合理性。

无论是对于员工，还是对于企业来说，确定涨薪幅度都具有重要意义，例如，确定涨薪幅度对企业人才管理、资源分配有着重要意义。因此，企业应重视对涨薪幅度的设计，只有解决好这一问题，薪酬体系才能够真正发挥作用，员工与企业才能形成利益共同体。

9.6　在内部实施弹性福利

弹性福利是指通过固定的福利设计体系，使员工能够根据自身需求，自主选取企业所提供的不同福利。实施弹性福利不仅能够有效提高员工工作积极性，还能够让企业福利支出的每一分钱都花在"刀刃"上，实现它的最大价值。弹性福利主要有以下5种类型。

1.附加型弹性福利

这种福利在企业中最为常见，是在企业现有的福利项目的基础上，提高原有的福利项目水准，或者增加不同的福利项目，以供员工选择。

2.核心＋选择型弹性福利

所谓"核心"是指企业设计的基本福利，每位员工都可以享有。"选择"是指企业在核心福利的基础上设计了其他福利以供员工选择。员工个人可选的福利一般有限定条件。

3.弹性支用账户

这种类型的福利较为特殊，是由员工将自己税前总收入的一部分单独拨出，建立一个"支用账户"，用来购买企业为员工提供的各种福利项目。

4.福利套餐型弹性福利

企业设计并推出不同的福利套餐，员工可以根据个人实际需求自由选择。

5.选高择低型弹性福利

这种福利是对企业原有的固定福利进行调整，形成几种不同的福利组合让员工进行选择。这些福利组合与原本的固定福利相比，价值有高有低，若员工选择了价值较高的福利组合，则需补齐中间差价，反之，则由企业向其支付相应的差额。

9.7　员工提出涨薪，怎么办

涨薪是每位员工都可以主动争取的权利。当员工提出涨薪的要求时，HR不要一口回绝，要视具体情况而定。

如果该员工表现平庸，又好高骛远，毫无疑问，不应该加薪。但是如果该员工表现优秀，做出了一些成绩，甚至为企业做出巨大贡献，那么HR就可以给其加薪。至于具体给员工加薪多少，则由企业管理层商议决定。如果员工表现优秀，但是企业在薪酬方面比较苛刻，那么员工就会心寒，最终可能会离开企业。

因此，在员工提出加薪要求时，HR不应一口回绝，而应对员工的工作表现以及市场薪酬进行调查。之后在与员工交谈的过程中，HR可以把问题抛给员工，询问员工要求加薪的依据，并讲述自己了解到的情况，给出相关意见。如果HR对员工的工作情况一无所知，就很容易处于被动地位。因此HR要知己知彼，摸清员工的底线，正确地处理员工提出的加薪要求。

对于HR来说，知己就是结合企业现状和发展战略规划，了解企业的薪酬策略是竞争型还是保守型。然后HR可以结合了解到的情况，对员工的工作表现做出价值评估，判断员工目前的薪酬是否合理、员工提出加薪的要求是否合理等，并确定可以给员工加薪的大概范围。

第 10 章

高效培训：如何打造一流团队

培训在企业的人力资源管理中占据着重要地位。培训的主要目的是提高员工的工作能力，进而提高整个团队的综合素质，提高企业的运行效率，为企业带来更多的利益。培训不仅要满足企业的发展需求，还要兼顾员工的个性化能力提升需求。企业的培训流程与目标并非一成不变的，要根据市场的变化随时进行调整。

10.1　做好员工需求调查与分析

工作几乎是所有成年人日常生活最重要的组成部分，因为工作为他们提供了钱、社交渠道以及能力提升空间。员工最好的工作状态应该是能够实现自我驱动，而非他人逼迫。因此，在开展员工培训前，创业者要做好员工需求调查与分析，从而通过培训满足他们的需求。

下面5种需求是员工在工作中想要被满足的需求。企业能够越多地满足员工的需求，员工的工作动力就越足，对企业的忠诚度也就越高。

1.生理需求

员工不是机器，无法像机器一样工作，也不能被当作机器。正所谓"身体是革命的本钱"，透支员工健康换来的效益，是无法长久维持的。因此企业应保证员工有足够的休息时间，不占用下班后或节假日等休息时间让员工进行高强度工作。

2.经济需求

经济需求是员工最基本的诉求，同时也是核心诉求。没有哪个员工喜欢管理者画的"大饼"，他们更喜欢实际的、能切实改善生活的物质财富。员工努力工作的目的是获得更多财富，获得赖以生存的物质基础，因此企业要在薪资方面让员工感觉到公平、可以接受，否则员工可能会心生不满，进而不愿全身心投入工作中。

3.心理需求

很多团队在管理方面存在两个问题：一是过于精细的分工，二是命令式的管理。这些问题会压制员工的心理需求。现在很多企业实行的人性化管理、全员参与制等措施，就是为了避免员工被当成执行命令的机器。创业者应该明白，思考和创新才能最大化地体现员工的价值，制度、规则会扼杀员工的创造力。因此，企业应确保员工拥有独立的人格，尊重员工的个性化，激发员工的创造力，努力打造和谐的企业文化，使员工有归属感。

4.社交需求

工作关系成为大多数人在家庭关系之外的较为重要的社会关系。因此，很多员工会对工作有社交需求，希望通过工作拓展自己的人脉圈。这就要求创业者营造一个良好的团队氛围，让内部成员保持良好关系，同时安排一些外部拓展活动，如行业讲座、培训等，让员工有机会接触行业内其他优秀的人才。

5.权力需求

谷歌人才管理体系中的一项措施是给予员工自主权。这其实是满足了员工对于权力的需求。正所谓"不想当将军的士兵不是好士兵"，没有人愿意一辈子做基层员工。管理者应该为员工规划一条晋升通道，让他们相信在企业中工作能有光明的未来。

10.2 按照"5W1H1M"进行新员工培训

所谓"5W1H1M"实际上指的是When、Where、Who、Why、What、How、Money，即何时何地和谁出于何种原因在做什么，这件事能为你带来什么回报。

开展新员工培训的第一步，即确定"5W1H1M"中的When。创业者需要为新员工规划培训周期，如培训周期为一周、一个月等。只有规划好时间，培训计划的制订才能更科学。

开展新员工培训的第二步，即确定"5W1H1M"中的Where。创业者需要确定为新员工提供培训的地点，例如，是在工厂车间还是在会议室对新员工进行培训。在培训地点的选择上，创业者可以根据新员工岗位的不同为其选择不同的培训地点。例如，对于实操工人的培训则适合在车间中进行，对于文职人员的培训则适合在会议室中进行。

开展新员工培训的第三步，即确定"5W1H1M"中的Who。创业者要向新员工介绍老员工，帮助新员工处理好人际关系，使其能够放松地工作，为后续的合作沟通奠定基础。

开展新员工培训的第四步，即确定"5W1H1M"中的Why。创业者要告知新员工工作不仅仅是为了企业的发展，还是为了提升员工个人的能力，实现双赢。

开展新员工培训的第五步，即确定"5W1H1M"中的What。创业者要告诉新员工当前阶段要做些什么、岗位职责是什么、要开展哪些业务，帮助新员工迅速进入角色。

开展新员工培训的第六步，即明确"5W1H1M"中的How。创业者要亲自或安排老员工指导新员工如何开展工作，使新员工尽快掌握工作方法和要领，尽快适应工作节奏，使工作步入正轨。

开展新员工培训的第七步，是对新员工开出符合其实际能力，同时能够激发其工作热情的薪资，即确定"5W1H1M"中的Money。

10.3　两大策略助力培训效果评估

在对新员工进行培训后，创业者要及时了解培训效果，并获得培训反馈，从而了解新员工对培训内容的吸收度、学习能力的高低、和岗位的适配度以及培训计划是否需要改进等。企业可以运用以下两种方法评估培训效果。

1.正式测试

企业要根据培训内容和培训进程设置合适的培训考核，即正式的培训测试。在一个培训周期内，企业可根据培训进程及需要对员工进行多次正式测试，也可以在所有培训课程结束后，进行一次总的正式测试。测试通常分为两项，第一项是笔试，第二项是实操考试。笔试由员工本人作答，禁止使用其他工具，也禁止员工之间交流。实操考试大多针对技能类岗位设置，例如，让员工在规定时间内设计一个网页，或在规定时间内检查并修理好设备的故障等。测试是最有效的评估培训效果的方法，能够为改进培训内容、提升培训产能提供参考。

2.非正式会谈

如果管理者与员工关系较近，可以通过平时的聊天去评估员工的培训效果，这实际上也是一种评估员工工作成果的方法。但是在评估过程中，管理者聊天、提问的方式一定要委婉，不能太过刻意，也不能太过随意，一定要切合培训主题。

在对培训成果进行评估后，管理者可以按照等级考评法对员工的培训成果进行排序。等级考评法主要有4种形式：第一种是五等级法，分别为优秀、良好、中等、及格、不及格；第二种是四等级法，分别为高级、中级、低级、非常低级；第三种是三等级法，分别为上、中、下；第四种是二等级法，分别为合格、不合格。

例如，某企业的销售部门有10名员工，首先，管理者要整理归纳这10名员工的销售业绩，然后，从这10名员工中找出销售业绩最差的员工，在其姓名旁记上"10"，再从剩余9名员工中找出销售业绩最佳的员工，在其名字旁记上"1"，接下来，从剩余8名员工中找出业绩最佳的员工，在其名字旁记上"2"。依此类推，为这10名员工排列好名次，员工考核成绩的优劣顺序就有了。

10.4　开发讲师队伍：学院派或实战派

企业培训对象通常是新入职的员工和有晋升需求的员工，而负责培训的人是HR、直属领导或外部聘请的专业人士，这3类人就构成了培训讲师队伍。如果想要提升培训效果，就要从源头把好关，确保讲师具有很高的水准。

通常情况下，讲师队伍可以划分为两大流派：其一是学院派，其二是实战派。

学院派也是通俗意义上的理论派，他们主要负责教授理论知识，系统地为培训对象梳理知识逻辑，例如，在培训电销（指电话销售）员工时，理论派讲师会罗列出一系列理论来阐述客户的心理，从而让员工针对客户的心理需求进行销售。

而实战派则是由讲师亲自带教，实践出真知。还以培训电销员工为例，在打电话环节，讲师可以亲自给客户打电话，在打电话过程中合理运用一些销售技巧，让新员工学会怎么把这些技巧运用到工作中来。打完电话后，讲师要对和客户沟通的过程进行分析，然后总结出优点与缺点，加深新员工对电销的切身体会。

那么企业如何在内部开发自己的讲师队伍呢？

1.选拔内部讲师

企业从内部员工间选拔的讲师要高度认同企业的价值观，同时讲师的选拔也要从年龄、学历、工作经验、专业能力等多方面出发，一定要选拔综合素质高的人才作为内部讲师。例如，一位技术骨干只有初中学历，但他入职几十年，获奖无数，专业经验丰富，完全有资格成为内部讲师。企业要为这样的人才提供更高的平台，带动年轻员工成长。

2.积极宣传造势

在企业内部开发讲师队伍一定要有企业高层管理者的支持。企业可以利用宣传栏、内部系统、公告等为讲师队伍宣传造势，使企业上下敬重讲师，使讲师更具影响力和权威性，这有助于后续培续的顺利开展。

3.内部试讲

在选拔内部讲师时，企业不仅要考察讲师对知识、技能的掌握程度，还要让讲师进行内部试讲，以了解讲师的语言表达能力、感染力、调动氛围的能力以及逻辑能力。

10.5　打造课程库：通用类＋技能类＋知识类

课程库对于培训来说是一个很重要的助力工具。在互联网没有普及之前，企业检验员工培训效果大多采用现场笔试的方法；而在互联网普及之后，线上课程库的出现不仅能够减轻员工的复习负担，同时也为企业进行培训考核提供了丰富的题目资源。

针对不同的培训需求，课程库的侧重点也有所不同，大致分为通用类、技能类、知识类。

（1）通用类：目的在于改进员工的工作态度，使员工个人价值观与企业文化价值观相契合，提升员工对企业的认同感，使员工拥有内在驱动力，更好地履行岗位职责。

例如，著名的IBM公司拥有20多万名员工，员工遍布全球。在公司创办之初，创始人托马斯·沃森便制定了行为准则，要求员工"必须尊重个人，必须尽可能给予顾客最好的服务，必须追求优异的工作表现"。IBM经常对员工进行企业文化培训，让每一位员工始终牢记这些准则，指导其行为决策。

（2）技能类：目的在于提高员工的工作技能，使员工更好地完成工作任务，推动企业发展。此类培训课程针对性强，学时较短。通过培训讲师的讲解、演示，员工能够了解、学习相关知识，并运用到实际工作中。

（3）知识类：目的在于提升员工的专业知识，强调员工对课程内容的记忆与理解，辅助员工更好地工作。例如，许多零售企业都会对新入职的销售人员进行产品知识培训，使其能够更好地开展销售工作。

培训课程只有满足员工对培训的需求，并符合企业的实际发展需要，才能更好地将培训转化为生产力，提高员工工作效率，促进企业发展。

10.6　制定个性化的员工培训流程

在工作中，几乎每一位员工都会接受培训。无论是针对刚入职的新员工开展的培训，还是针对想要提升工作能力的老员工开展的培训，培训的重点内容都是岗位技能与文化知识。但是，不同的员工在年龄、岗位、学历等方面存在差异，导致统一培训的效果不佳。因此，企业要有层次、有针对性地对员工进行培训，即对员工进行个性化培训。对员工进行个性化培训的具体流程如下。

首先，要为员工的个性化培训制定清晰、可行的总培训目标。虽然不同员工的岗位职责不同，但究其本质，都是为了实现企业目标而努力。因此，企业要制定一个清晰、可行的总培训目标，这样即使是个性化的员工培训，也方便企业进行统一管理和考核。

其次，将员工进行层次划分，如高层管理人员、中层管理人员、技术人员、文职人员等。不同层次的员工，岗位职责与技能需求不同，因此企业应针对各层次员工设置相应的培训课程及培训深入度。

最后，为各层级员工制定相应的培训目标。例如，可以为中层管理者制定提高管理水平、执行能力和综合素质的目标，为企业技术人员制定增强研发能力、创造能力的个性化目标。

培训工作的有效开展，能起到很多作用，如改善员工的工作态度、提高员工的工作效率、增强企业的凝聚力等。而这些作用对于企业的发展都是极为有利的。

10.7 轮岗制度培养部门管理者领导力

基层员工数量庞大，负责具体落实企业的每一项工作，而部门管理者则需要将企业的顶层战略拆分，将拆分后的战略决策下达给所属部门员工。部门管理者在企业中起到了连接上下级的桥梁作用，是企业不可或缺的重要力量。

很多企业都采取轮岗制度，希望通过轮岗让部门管理者能够快速了解企业的整体运作情况。轮岗对于提升部门管理者的领导力有着积极的作用，可以让部门管理者抓住基层工作的关键点，对现有基层工作的不足之处进行改进，从而做出更加合理的决策。

轮岗制度对培养部门管理者领导力有以下4个好处。

1.持续保持紧张的学习状态

长期待在一个部门，每天重复相同的工作，部门管理者很容易进入疲劳期。随着工作越来越得心应手，部门管理者就会形成惯性思维，按照经验去处理问题，很少再去思考新的解决方法。这不利于部门管理者形成开阔的视野和全局思维，也容易降低他们的学习能力和欲望。

换了一个岗位后，面对全新的团队和业务，部门管理者要想做好工作，就必须主动学习新鲜事物，尽快适应，进入状态。这相当于促使部门管理者主动走出工作疲劳期，进入一个新的阶段，重新开始成长。不断地轮岗能让部门管理者持续保持紧张的学习状态，从而快速成长。

2.积累跨领域的经验

企业中不同部门的工作各有特点，其中有值得借鉴的经验，也有需要舍弃的陋习，如果多年保持不变，那么部门存在的问题永远无法解决。如果部门管理者经历过轮岗，他就可以从全局出发考虑问题，也能将一些好的经验应用于部门管理中，打破部门中不好的惯例。

3.降低沟通协调成本

部门之间相对割裂，很可能造成沟通成本高、工作效率低。如果部门管理者经历过轮岗，他就能熟悉各个部门的人事关系以及业务构成，工作时的沟通也能更加顺畅。

4.增强个人免疫力

在一个部门待久了，同事之间比较熟悉，很容易因为人情关系形成利益牵扯，从而干扰决策的公正性。例如，评奖评优活动的名额有限，如果部门管理者被个人感情左右，就难以站在公平、公正的角度来考虑人选。如果部门管理者经历过轮岗，就不会对某几个同事有过深的感情，也能更理智地做出决策。

10.8　入职培训不到位，员工起诉公司

李明最近入职了一家互联网公司。在正式入职前，HR告诉李明，入职后会有为期两周的培训，在培训后公司会对李明进行业绩考核。如果通过考核，李明可以跳过试用期，直接与公司签订正式的劳动合同；如果没有通过考核，李明则不能进入公司工作。

李明上班第一天，部门主管给他安排了座位，并介绍部门同事给他认识。原本有些紧张的李明逐渐放松下来。

上午，部门主管找李明谈话，给他介绍企业文化、发展战略等。随后部门主管为他安排了带教同事，表示在接下来的两周时间里，李明的一切工作都由带教同事安排。

第二天，李明主动找到带教同事，询问当天的工作任务，但是带教同事情绪很不好地丢给李明一些资料，让李明自己学习。李明接过资料，决定自己先学习一番，有不懂的问题再来向带教同事请教。

但是李明刚坐到工位上，就有同事发来策划案，要求李明进行优化。李明表示自己昨天才入职，但是同事表示这就是李明的岗位职责，李明只

好修改策划案。

随后的两周时间里，李明的带教同事离职，部门主管没有为李明安排新的培训人员，而是任由其他同事给李明安排一些做策划案的工作。李明向部门主管反映了这个问题，主管表示这是信任他的能力。李明就这样靠自己摸索度过了两周培训期。

两周后，HR宣布李明的考核结果不合格，只向他支付10天的试用期工资。李明表示这不合理，他在两周培训期内并没有接受系统的培训，反而一直被安排做策划案，是公司的入职培训不到位才导致他的成绩不合格。

HR则表示，那些策划案实际上就是对李明的考核，李明做的策划案很糟糕，不符合公司的要求。因为与公司就培训是否到位以及支付10天试用期工资是否合理等问题协商不一致，李明将公司起诉至法院。法庭上，李明出示了相关证据，表示自己在入职的两周内并没有得到应有的入职培训，法院最终判处公司依据正式员工的工资标准赔偿李明1个月工资。

第**11**章 绩效考核：让每项工作都有结果

无论是哪个行业的企业，对员工进行绩效考核都是评判员工业绩与工作结果的重要方式。绩效考核是指在企业既定目标和既定绩效标准下，利用科学、系统的考核方式，对员工的工作任务完成情况、履行工作责任的程度以及个人综合素质水平进行的综合性评估。好的绩效考核方式能有效激发员工工作积极性，促进企业业绩增长，使企业尽快实现既定发展目标。

11.1 根据SMART原则制定考核指标

管理学大师彼得·德鲁克在他的《管理的实践》一书中最先提出绩效考核的SMART原则。SMART原意是聪明的、智慧的，彼得·德鲁克表示，管理人员应当"眼观六路，耳听八方"，从各个角度考核员工的绩效，将抽象的目标转化为具体、可量化的工作成果。

SMART原则包括以下5个方面。

1. 具体的（Specific）

目标必须是具体的。管理者制定的目标要切中特定的工作环节，不能模糊不清。明确的目标是指所要达成的行为标准能够由具体、详细的语言清晰地阐述出来。几乎所有成功的团队都有明确的目标，例如，某个团队的目标是"今天要完成第一项任务50%的工作量"，这样目标就具体了。

2. 可衡量（Measurable）

目标必须是可以衡量的。管理者制定的目标必须数量化或行为化，可以清晰获得验证绩效指标的有效数据或者信息。例如，"今天我要拜访两家企业，并完成1个团队建设方案"这个目标就是可衡量的，而"今天我要多拜访几个客户"这个目标就很难被衡量。

3. 可达到的（Attainable）

目标必须是可以达到的。是指制定的目标通过努力可以实现，一定要避免设立过高或过低的目标。如果管理者为了自己的利益，使用不正当的手段，把自己制定的不符合实际情况的目标强加于员工身上，就会造成团队员工心理或者行为上的抗拒，在落实目标时，工作效率也不会很高。

4. 相关的（Relevant）

管理者在制定目标时要脚踏实地，目标要能看得见摸得着，可以进行证明与观察。目标的相关性是指制定的目标要和其他目标具有一定的相关性，否则即便实现了单一的目标，对团队整体发展的意义也不是很大。

5.时间的（Time-based）

目标的截止期限必须明确而清楚。目标的时限性是指目标有一定的时间限制，管理者应该特别注重目标的截止期限。倘若目标没有时限性，将会导致绩效考核不公正，降低团队员工的工作热情。例如，"我要完成100万元的销售额"这个目标就没有具体的时间限制，完成这些销售额的时间可以是1个月也可以是1年。如果时间成本与成果产出不能对应，目标就失去了激励的作用。

11.2 MBO：目标管理考核法

很多人都知道目标的指向作用，并在工作过程中为自己制定了详细的目标，然而结果却不尽如人意，主要原因是没有对目标进行正确的管理。

MBO（Management by Objective，目标管理）是由管理学大师彼得·德鲁克提出的，他认为，企业的目的和任务必须转化为目标。如果没有总目标以及与总目标相一致的分目标来指导员工的生产和管理活动，那么企业的规模越大、员工人数越多，发生内耗和浪费的可能性也就越大。正确的目标管理能够减少企业的内耗和资源浪费。

目标管理考核法有8个实施步骤，具体如下。

1.制定目标

由于这种考核方法是在一个企业中运用的，因此，所制定的目标要能覆盖所有的部门和人员。否则，它将成为一种不科学的考核方法。

2.分配目标

制定好目标后，就应该将目标公之于众，让企业全体员工去具体落实。

3.修改目标

目标是针对整个企业制定的，具有普适性。将目标分配到企业的各个部门后，各个部门的管理者还应该调整、细化具体目标。

4.确定目标

部门管理者制定好目标后，为了确保目标的可行性，最好征求员工的意见。如果员工对此没有异议，目标则正式确定。如果员工有好的想法，部门管理者可以对目标做进一步的修改。

5.制订计划

如果不注重行动计划，盲目地制定目标和实施目标，结果会适得其反。

6.实施计划

制订了目标实施计划后，就应该实施目标。

7.定期检查

定期对目标的实施情况进行检查，并对检查结果加以统计。这个结果是最终的考核结果的参考依据之一。

8.进行激励

企业应依据实际情况设立奖励体系，对员工进行激励，以尽快实现目标。

目标管理考核法既有优点，也有缺点。优点在于，考核的过程比较有针对性，结果比较精确，能够对每一个员工进行反馈和辅导。另外，由于所有员工都参与了目标的制定，所以，他们在实现目标的过程中会充满激情。在这种情况下，企业的整体"战斗力"和竞争力会有所提升。缺点在于，由于各部门之间的具体目标有所不同，因此难以进行横向比较。

总之，目标管理法若运用得当，可以激发员工的工作激情，提高员工的工作效率；反之，只会增加员工的工作负担和压力。

11.3　BSC：平衡计分卡

BSC（Balanced Score Card，平衡计分卡）是当代企业进行员工绩效考核的方法之一，它是一种超越传统的以财务指标为考核标准的新型绩效评估方式。

平衡计分卡是指通过图、卡、表来实现战略规划。平衡计分卡作为一种绩效考核方法，已经被运用了30多年。在这30多年间，它也在不断地发展完善。如今，这种绩效考核方法已经成为一种集团战略管理的工具。

平衡计分卡从财务、客户、运营、学习4个维度对企业的绩效管理进行全面评价，不仅避免了以往仅仅依靠财务评估的迟滞性、短视性以及局限性等诸多问题，而且科学地将企业战略管理与绩效管理统一起来，具体实施步骤如下。

（1）以企业发展战略为指导思想，兼顾综合与平衡，依据企业的组织架构，将企业的战略目标细分为各部门在财务、客户、运营、学习4个维度的具体目标。

（2）依据各部门在财务、客户、运营、学习4个维度的具体目标，确立相应的绩效评估指标体系。这些指标围绕企业发展战略制定，可以平衡企业的长期与短期目标、内部与外部利益，综合反映财务与非财务方面的信息。

（3）由所有部门共同拟定各项指标的评分标准。通常是将各项指标的期望值与实际值作对比，确定误差范围，从而制定出评分标准。考核周期以季度或月度为限，对各部门在财务、客户、运营、学习4个维度的目标完成情况进行综合评分，根据评分适当调整战略方向，或调整原定目标与绩效评估指标，确保企业的发展战略顺利实现。

总的来说，BSC体现了企业全方位的平衡：财务与非财务标准的平衡、长期与短期目标的平衡、结果与过程的平衡、管理与运营的平衡等。因此，BSC能够反映企业的总体状况，使企业的绩效评估体系趋于平衡和完善，利于企业的长期发展。

11.4 KPI：关键绩效指标

KPI（Key Performance Indicator，关键绩效指标）是将企业内部的各种关键参数进行提取、计算、分析之后所得到的绩效管理指标，它是企业目标量化后的具体呈现。KPI考核法在当代企业中应用最为广泛，能够将绩效考核量化，进而得出一个比较客观公正的考核结果。建立KPI指标体系要做到条理清晰，使每个指标既相对独立又具有内在联系，以达到全面考核员工的目的。

制定KPI的方法有头脑风暴法和鱼骨分析法两种。头脑风暴法是围绕一个议题展开自由讨论，最终确定目标和实行方案的一种团队决策方法。鱼骨分析法又叫因果分析法。使用这种方法制定KPI时，管理者首先要找出关键问题，然后找出影响关键问题的各方面因素，并将它们与关键问题按照逻辑顺序绘制成主次分明、条理清晰的图形。该图形形状类似鱼骨，所以叫鱼骨分析法。

企业的KPI要先分解到各部门，然后由部门管理者分解给每一位员工，分解过程层层推进、相互支持。最终，每个部门的KPI、每一位员工的KPI都与企业整体的KPI有着直接或间接的关联。

这样一来，各职位应负的责任都被转化成KPI，员工的工作因此被具象化，这些具象化的KPI就是考核部门员工的依据。部门管理者通过部门的KPI确定员工的工作目标，这样可以保证每一名员工的努力方向都与企业的战略目标相一致。

使用关键绩效指标考核法的最终目的是实现企业组织架构的高度直观化，从而精简多余的部门、多余的流程以及不必要的资源投入。

11.5　OKR：目标与关键成果

OKR考核与KPI考核是当代企业应用较为广泛的两大绩效考核方法。OKR（Objectives and Key Results）的含义为目标与关键成果，它的考核目的是明确企业与团队的目标以及实现这个目标时的关键指标是什么。

严格意义上说，OKR是一套定义和跟踪重点目标，确定其完成情况的管理工具和方法。它强调内在动机，认为员工工作的动力是出于胜任感的自主需求。与传统绩效强调"要我做的事"不同，OKR考核强调"我要做的事"，使报酬奖励与考核弱耦合。OKR考核通过设立富有挑战性的目标，使员工自主地完成工作任务，并将考核指标聚焦到具体的流程环节中，采取动态追踪的方法，促进员工的自我成长。

它以员工自我发展为导向，而不是以工作结果为导向。简单来说，OKR更关注员工的个人成长而非业绩，它强调考核的纵向比较。OKR要求企业、团队以及团队员工不仅要设置目标，而且要明确如何完成目标、怎样才算完成目标。

因此，OKR考核更适用于执行长期工作任务的团队。因为OKR可以将长期的大目标拆分为一个个阶段性的小目标。在每个阶段性目标完成时，团队可以召开研讨会，总结经验与教训，使后续阶段能按照正确的方向继续推进任务。领导者与管理人员可以接收到员工自下而上的反馈，能够实时掌握员工的工作进度，便于对整体任务进行安排与调整。

由于OKR为每位员工都提供了通用、公开的问责制基础，因此，无论员工的工作重点是什么，其执行的所有工作均有可衡量的目标。这些可衡量的目标在团队内部以及企业内部都是公开透明的，并且与企业的总体目标保持一致，这使得企业能够多方向、多渠道地进行团队考核。

11.6 帮助员工做绩效辅导

为员工做绩效辅导也是培训的一部分。很多员工想要提升自己的业绩，但是一直没有合适的方法，在开展业务的过程中存在很多问题，可能这些问题并不属于培训的范畴，但确实阻碍员工业绩的提升。下面以保险行业的销售人员所遇到的绩效为例，总结培训人员应当怎样帮助员工做绩效辅导。

静静是一家保险企业的保险销售人员，她接受培训后业绩一直不理想。在一次培训中，静静讲述了她遇到的问题。

静静遇到了一位客户陈总，在第一次见面时，陈总就表达了他对保险的不信任。

一周后，静静打电话成功约访了陈总。这一次，静静围绕着退休以后的高水准生活以及投资理财等问题与陈总展开交流。针对陈总上一年投资股票虽有盈利但错失很多机会的情况，静静与他探讨了保险理财的优势。

但无论静静如何向陈总展示保险理财的好处和政策，陈总都表示他不信任保险。

静静遇到大量此类的客户，她感到很迷茫。培训人员给她提供了以下解决方案。

1. 表明立场

不信任保险表现了客户对保险或者保险销售人员的一种偏见。对于这种客户来说，对保险的不信任在他们心中已经根深蒂固了，一时想要改变非常困难。保险销售人员应向客户表明自己是站在客户的角度考虑的，能够帮助客户解决一些实际问题。

2. 了解起因

造成客户对保险产生偏见的原因很可能是客户曾经受骗，或者是听别人讲过类似的事情。而这些思维理念很可能已经在这些人的脑海中根深蒂固，所以，保险销售人员面对此类客户最忌讳急于求成，而是要用自己的真诚和耐心去打动他们。

3.给出解决方案

了解了客户对保险有偏见的起因后，保险销售人员可以给出具体的解决方案，增强客户对保险的信任。例如"您怎么会这样想，保险是有法律保护的产品，是不会骗人的。是不是您买的保险没有附加医疗险，所以没有得到理赔给付，以致您产生错觉了呢？您可以告诉我，我来帮您分析分析。"

或者"我非常理解您的想法，在没有接触保险产品之前，我也是这样认为的。但是做了这行之后，我深刻地了解到，没有骗人的产品，只有骗人的人。确实，保险行业刚刚发展起来的时候，有很多不规范、不合理的地方，但是现在，保险行业已经逐步走上了正轨，大家对保险的了解越来越深。2015年5月，我国试点对购买商业健康保险给予个人所得税优惠，充分反映了国家对保险业发展的重视与期望。"

依据解决方案开展工作，静静的问题得到了彻底解决，在此后的3个月时间里，她都获得了不错的业绩。

11.7 如何低风险辞退低绩效员工

企业是大家为了共同目标努力拼搏的地方，也是一个充满竞争的地方。无论是风险承担还是末位淘汰，"弱者下"这一原则就注定一些低绩效的员工会被辞退。

但是对于任何一位管理者来说，将员工淘汰，都是一件不忍心的事，因为对员工亲口说出"企业决定辞退你"这样的话是残忍的，甚至会引发矛盾。所以，管理者要学会让被淘汰的员工体面地离开，降低辞退员工给团队带来的影响。

有些管理者在辞退员工时方法不当，甚至说出"不想干了给我滚"之类的话，伤害了员工的自尊心，也影响了企业形象，还降低了在职员工对自己的评价。那么，如何平和地辞退员工呢？以下面这个小笑话为例。

老板："打工是挣不了大钱的。"

员工："那怎么才能挣大钱呢？"

老板："以你的本事，可以选择创业，自己当老板。"

员工："谢谢老板的肯定，我现在就辞职。"

当然，这只是一个笑话，现实中辞退一名员工要复杂得多。但这个笑话说明，即便管理者要辞退员工，也要让员工感受到尊重和赏识，主动选择离开。另外，在辞退员工后，管理者要按《劳动法》的规定，给予员工赔偿金。

淘汰、替换员工是为了团队更好的发展，留着不合格的员工在团队里，对团队，对其他员工，对被淘汰的员工，都不负责任。阿里巴巴CEO张勇说："我的信条是心要善、刀要快。对事情要负责，对人要理解，要感同身受。"一个优秀的团队管理者能够快速做出决断，不合适的人要赶快剔除，不要拖累团队和员工。

11.8　进行一次成功的绩效反馈面谈

绩效反馈面谈是绩效考核过程中的重要环节，能够在企业与员工之间建立一种良好的绩效沟通机制，其涉及考核结果确认、改善方法探讨、下一步工作计划等，能有效保证考核的公平、公正。

何武是某文化传媒公司的客服部经理，而李涵则是刚刚入职的新客服。2022年5月底，何武将绩效考核表发放给部门员工，要求第二天早上将考核表交还，并告知员工，下个月就是新一轮的绩效考核周期，绩效考核结果与年终奖挂钩，每一轮考核都表现不佳者会被淘汰。

第二天，何武回收了7名员工的考核表后发现，员工自评的分数全都在80分以上。这意味着部门员工的绩效表现均为优。但HR制定的强制分布原则是每个部门只能有20%的员工得优，这样的分数明显不符合规定。

何武根据月初制定的KPI指标，逐一对7名员工进行上级评分。按照公司的规定，上级把考核表返还给员工时，员工如果对分数有异议，可找上级做绩效反馈面谈。

此次绩效将会影响员工的薪资和升职，对每一位员工今后发展都具有很大意义。李涵入职4个月，但近3个月的绩效评分都不是很理想，并且这个月，何武给了她最低分。因此李涵要求进行绩效反馈面谈，何武对此早有心理准备。

李涵非常坦诚地告诉何武，这个月她的KPI指标完成情况的确不够理想，也收到了几个客户的投诉，对于得了部门的最低分这件事，她心里非常难过。她希望何武能告诉她接下来的工作应该怎么做，才能避免这种情况再次发生。

面对真诚的李涵，何武与其进行了一次深入交流，对其工作进行了针对性指导，如加强产品知识学习、积极解决客户疑难、优化服务态度等，要求李涵在平时的工作中，多注意观察其他优秀同事的表现，虚心学习。同时，何武也在部门中要求大家在平时工作中要相互学习，相互促进。

经过此次面谈后，李涵在工作中积极学习，努力提高自己的专业素养，工作能力得到了明显提高。

显然这是一次成功的绩效反馈面谈。在本案例中，何武给自己的下属打了最低分后，便做好了绩效反馈面谈的准备。他提前收集了相关信息，确定面谈的主要内容，找到部门的绩效目标和李涵的绩效目标之间存在的差距；认真了解李涵的发展需求，在沟通中帮助其分析绩效结果不佳的原因，同时帮助其制定具体可行的改进方案，为其提供有力的支持，促进李涵积极改进，自我提升。

4

资本运作

第**12**章 **资本架构：做一家值钱的企业**

　　随着时代的发展，市场经济体制不断完善，资本已经成为社会经济发展的重要推动力量。很多初创企业都是借助资本的力量，才翻越重重阻碍取得了辉煌的成就。如今的资本架构并不仅仅指企业的各项资金比重，还包括企业的组织架构、业务流程、岗位职责划分等内容。了解资本架构，掌握资本架构，才能够正确发挥资本的力量，打造一家值钱的企业。

12.1　思维转化：产品思维→资本思维

　　传统企业在经营过程中与资本构成了债权型关系。企业始终保持着自己的产品思维，例如，当一家企业处于高速发展期，资本就会主动为企业提供贷款，帮助其大力发展，并从中收取相应的利息，但一旦企业遇到困难，资本会第一时间釜底抽薪，不管企业是否能够生存下去。而企业只会发愁自己的产品该怎么处理。

这种典型的产品思维实际上割裂了企业与资本的关系，二者处于微妙的对立状态。简而言之，二者只能同甘，不能共苦。

随着资本经济时代的到来，企业与资本的关系也由债权型转变为股权型。资本将资金投资给企业，换得企业股份。在企业经营困难时，资本便会由于握有股权而被迫与企业共度时艰；在企业高速增长时，资本也可以衡量利益适时退出。这种方式能够起到保障企业稳定、实现企业可持续发展的作用。

"独角兽"企业是指成立不超过10年，但估值超过10亿美元的未上市创业企业。在债权型关系时代，这些企业非常容易受到投资人的青睐，随着债权型关系时代的终结，那些在资本加持下成长为"独角兽"的企业逐渐走下神坛。

共享单车一度成为资本争相投资的行业，ofo小黄车乘风而起，成为崛起最快的互联网企业，短短几个月就进行了5轮融资，累计金额超过2亿美元。由于资本的大量涌入，小黄车并没有考虑控制成本、实现长效化运营等问题，而是试图依靠"烧钱"扩大市场。

在缺少精细化管理和良性盈利模式的情况下，小黄车终究无法实现长久经营。短短3年，企业就陷入资金链断裂的窘迫境地。创立初期得到过多的资本加持是小黄车没落的主要原因，随着传统商业模式的转变，这些"独角兽"企业在失去资本的纵容后逐渐走向衰败。

如今的资本不再盲目投资扩张期的企业，他们更关注企业的盈利状况，也更重视企业的运作思路。这导致许多"独角兽"企业始终徘徊在上市的边缘，迟迟无法进入。

12.2　盘点企业现有资本

企业资本通常包括货币资本、实物资本、无形资本。

货币资本主要包括现金、应收账款、股票、债券等。实物资本主要包括产品、原料、机械设备、办公场地等。这两种资本的回报率较低，通常占总回报率的30%，剩下70%的回报率则由无形资本带来，如知识产权、企业专利、商标、人才、用户数据等。

在这种意义上，除了对企业的资产、人才、业务等进行盘点外，我们还需要梳理企业的无形资本。这可以帮助我们更科学地设置财富目标，更好地制定企业的资本战略，推动企业实现可持续发展。

资本的增长与企业的经营和管理方式息息相关，因此，除了实现企业的经济效益最大化外，我们还要努力实现管理效率最大化，这样才能帮助我们快速实现企业资产的倍数增长。

12.3　值钱的企业有哪些特征

想要判断一家企业究竟是值钱的企业还是发展平平的企业，我们要看的不是现金流，而是无法伪造的企业经营数据。例如，资本看好某家企业，向其注资获取股权，该企业获得资金飞速发展，兼并了很多企业，最终成功上市，实现资本增值。这种企业可能在很长一段时间内都处于轻微亏损的状态，然而我们能说它不值钱吗？相反，它的市场前景一片光明，未来将会获得巨大效益。

首先，一家值钱的企业即便处于细分行业，也能名列前三。在细分行业中名列前三并非易事，行业中的领头企业往往是占有大量市场的企业。因此想要打造值钱的企业，创业者需要将目光放长远，去争夺广阔的市场空间。对于值钱的企业而言，现金流是次要的，占据市场后，获得长期稳定的现金流是一件轻而易举的事。

其次，一家值钱的企业所占的市场份额内有巨大的现金流动。在最初选择发展方向时，创业者应重点关注拥有巨大现金流的市场，也就是客户心甘情愿付款的市场。值钱的企业往往具有丰富的想象力，所在市场被资本看好，资本预测其将来能创造极大的价值，进而对其投资。

例如，滴滴将打车业务作为切入点，通过市场的扩张得到大量的司机和乘客资源，然后业务逐渐扩大，快车、专车、顺风车、代驾等服务应运而生。滴滴以用户为中心，从人们的生活出行出发，建立庞大的出行系统，品牌名也因为业务的不断扩张，由"滴滴打车"更换为更符合业务模式的"滴滴出行"。

最后，一家值钱的企业通常会选择具有创新性、差异性的产品。新兴企业想要获得市场份额，可以研发市场中现有产品的替代产品。例如，柯达和富士在胶卷市场上一直"打"得难分难解，但是最终胜利属于数码相机，方便快捷替代胶卷的数码相机一出现，就代表着新兴市场出现了。

需要注意的是，一家企业可能曾经亏过钱，但只要其价值结构没有改变，那么它迟早会实现盈利。因为从市场格局来说，在开拓初期由于存在网络效应和锁定效应，企业必须在形成自然垄断之前占据市场。通俗地说，如果企业是为了建立优势、抢占目标市场，那么暂时的亏损是可以接受的。这其实是在风险可控的情况下，利用全部资金寻求利润的最大化。

例如，从京东的财报上看，多年来京东都处于持续亏损状态，但这不能说明京东是一个不值钱的企业。因为在创立初期，京东将所有资金都用于建立自有物流体系上，京东并非没有利润，只是处于扩张阶段，建立物流体系需要大量资金，利润与物流体系建设成本均摊之后，就呈现出亏损的状态。如今，京东已经建立起自身的物流优势，当用户希望"次日达"时，京东就是他们的首选。

实际上，"亏钱"是很多企业为了获得长期竞争优势而采取的一种战略。并不是所有亏钱的企业都有价值，如果企业目标清晰，方向正确，并且有现金流支持其战略，那么通过"亏钱"扩大市场份额不仅是正确的，而且是必需的。

12.4　积累专利、商标无形资本

专利和商标等无形资本能够为企业带来70%的效益，是一家企业的立身之本，也是企业的核心竞争力。如果不能积累无形资本，企业就很难在激烈的市场竞争中存活下来。

1. 专利

21世纪是知识经济时代，知识产权战略是企业发展战略的重要组成部分。知识产权，又称知识所属权，其本质是一种无形财产权，是经过创造性的劳动所得到的劳动成果。知识产权的转化能有效激发企业的科技创新积极性，从而提高企业创新能力，产生巨大的经济效益。

目前，全球智能手机市场的竞争已经到了白热化的阶段，开始由市场营销竞争转向产品专利竞争。所以各大智能手机企业都希望通过建立专利壁垒形成自己的优势，而华为在这方面做得尤其突出。

众所周知，在智能手机市场中，苹果独占鳌头，市场份额长期保持领先。相关数据显示，近几年，华为的发货量较之前有极大的提高，占据中国市场最大份额，全球市场份额也曾反超苹果。可以说，华为正在争取由苹果主导的高端市场。

华为的成功，特别是对高端市场的突破，与其多年持续在智能手机技术专利方面的投资紧密相关。相关资料表明，早前，苹果和华为达成授权协议，由苹果向华为支付专利技术使用费用。华为的知识产权为其带来巨大的收益，同时也帮助其建立起坚固的技术壁垒。

知识产权是企业发展的核心，它不仅可以使企业保持技术领先，还可以保证企业的稳步进步，从而实现更大的商业价值。只有重视知识产权的经营，企业才能通过知识产权获益。

2.商标

世界知识产权组织将商标定义为"将某商品或服务标明是某具体个人或企业所生产或提供的商品或服务的显著标志"。许多创业者都没有发现商标真正的价值，只是简单地将其理解为品牌创建。实际上，商标不仅是区分品牌的标记，还是一家企业无形的宝藏。

首先，注册商标需要耗费大量的时间和精力，商标转让的价格也十分高昂。其次，商标是企业的无形资产，优质商标的升值空间很大，升值速度也很快。最后，优质的商标本身就是免费的宣传，拥有极强的溢价能力。一个优质的商标可以省去很多推广费用，直接抢占用户心智。

除此之外，我们还可以通过入股商标权、商标买卖、证券化等方式进行盈利。经过合理的布局和有效的管理，商标也可以成为企业盈利的重要途径。

12.5 建立投入产出模型

通俗意义上来说，投入产出分析是指研究项目或企业的收入与支出的平衡关系。在实体产业中，投入指的是原材料、机械设备、人力成本等支出，产出则指的是产品生产后获得的经济利益。在企业经营过程中，企业常常使用投入产出模型来推断某个项目的运作情况，并进一步预测其发展前景，制定相关规划。

投入产出模型可以帮助我们清晰地了解到，为项目投入的成本与项目产出的效益之间的数量关系。我们可以通过建立投入产出模型，衡量某个项目是否值得投资。

下面以产品的营销推广为例，介绍如何建立投入产出模型。

在营销期间，资金情况主要分为投入与产出两方面。投入成本相对更容易确定，我们可以将资金使用情况一一列出，如办公场地的租赁、原材料的采购、人力成本、宣传渠道费用等。

产出的收益则具有预测性质，我们可以基于过往的项目经营情况进行推算，即以过往的营销数据作为参考，推算出本次营销推广可能提升的产品销量。因此模型需要建立在推广情况相对稳定的条件下，即相同的推广渠道、相同的策划方案或相同的宣传模式等，假设投入相同的成本，产品销量的提升情况相似。

例如，某企业投入100万元进行宣传推广，带动了500万人次的关注度，平均每日关注度降低10%，平均每100万人次的关注度能带动50万元的产品销量。后来，该企业使用相同的策略进行产品推广，前3天的用户关注度依次为500万人次、450万人次、405万人次，分别能带动250万元、

225万元、202.5万元的产品销量。

因为我们使用的关键指标都是假定量，在实际运营过程中，它们会受到其他因素的影响而产生波动，所以我们要始终对这些指标进行统计和监测，当出现较大变动时需及时进行战略调整。

除了预测项目盈利情况外，投入产出模型还可以帮助我们更直观地了解项目现状，为项目制定下一步的运作方案。

12.6　进一步加强现金流管理

现金流是企业经营过程中现金流入、流出及总量情况的总称。这些流动资金是企业利润的直接创造者，也是使企业焕发生机与活力的新鲜"血液"。如果现金流出现问题，企业的正常运转就会受到影响。

例如，企业固定资产的价值回收较慢、维护费用较高，导致企业收益直线下降。在遇到金融危机时，固定资产容易出现大幅减值。

资金只有在流动中才能产生价值，这里的流动其实就是指交易、投资等经济活动。让企业的资金流动起来，实际上就是要把资金投入高价值的领域，让它产生更大的价值。

另外，在经营过程中，企业难免会申请借贷，因为要求使用现金支付的债务占比较大，所以我们需要时刻关注企业的现金流情况，通过设置现金余额预警、预测项目现金流、调节付款的账期，更好地平衡债务与现金流的关系。

当企业背负的债务过多，远超现金流时，极有可能导致现金流断裂，企业也就离破产不远了。在面对这种情况时，我们需要进行债务管理，将各类债务进行整合，从而减轻债务压力，让债务低于现金流。

现金流是企业业务规模、盈利情况、获现能力等经营实力的体现，我们应该充分发挥现金流的作用，为企业确定最合适的发展方向。

12.7　品牌IP化：打造独特的标签

互联网的出现与发展改变了企业原有的经营方式与理念，特别是在营销领域，传统的沿街叫卖、发广告传单演变成了如今的打造品牌IP，品牌IP成为企业独特的标签。

实现品牌IP化确实可以提升品牌的辨识度，增强其互动性、传播性，优秀的IP也可以实现精准触达，加强品牌与用户之间的连接。大多数企业在运作时总会将品牌与IP理解为同一个概念，其实不然，二者有着明显的区别。

品牌IP化是通过内容输出、事件营销等方式，提升原有品牌的辨识度，从而提升其市场认可度。它的本质是一种信任机制，企业通常会通过品牌IP化展示自身的综合实力，降低用户的选择和信任成本。

品牌IP化可以增加产品的价值。按照传统的销售模式，在正式盈利前，企业要付出大量成本囤积产品，然后做营销推广，最后通过销售实现变现。如果产品销售不出去，就会导致库存积压，企业陷入亏损。

如今，企业可以通过打造品牌IP的方式，向用户传达品牌理念，展现品牌实力，通过优质的内容吸引意向用户购买，这在节约成本的同时能帮助企业获得数倍的效益。

营销的核心是内容，内容的核心是IP。我们应该调整观念，从打造一个成功品牌转变为打造一个成功IP，帮助用户形成认知，促成企业与用户的连接，从而激发用户购买。

例如，米其林轮胎人、麦当劳的小丑、肯德基爷爷都是最早的品牌IP，在没有IP这个概念时，这些则被称为超级ICON，即超级符号。实际上，用"符号"表达确实更为直观，简单的符号，更容易在用户心中扎根，从而赢得用户的信赖。

无论是进行品牌营销还是展示企业实力，归根结底都是给产品赋予一种符号，而在信息碎片化的时代，将符号作为品牌的载体能够有效降低传播成本和用户的记忆成本。企业可以将品牌的某种特性进行强化，打造成品牌独有的符号，这样可以加深用户的记忆，当他们看到相关信息时，会立即联想到企业的品牌。

第**13**章 利润倍增：打通企业的收益体系

随着时代的发展，现代市场始终处在变化之中，企业如果想在动态的市场中平稳发展，除了不断优化自身产品，提高自身实力，还要提高盈利上限，打通企业的收益体系，实现利润倍增。

13.1 反映收益能力的4个指标

企业的收益能力越强，企业的发展就越稳定，盈利空间也就越大。反映企业收益能力的指标有以下4个。

1.主营业务净利润率

通常情况下，企业的盈利主要来自主营业务。主营业务的盈利能力可以直接反映企业整体的盈利情况，主营业务净利润率也因此成为判断一家企业盈利能力的重要指标。

主营业务净利润率是企业在一段时间内主营业务利润与收入净额的百分比。其公式为：主营业务净利润率＝（主营业务收入－主营业务成本－主营业务税金及附加）÷主营业务收入×100%。

这项指标最能体现企业在经营活动中的盈利能力，对一家企业的主营业务进行分析，可以充分了解该企业的产品成本、营销推广、经营策略等方面的情况。这项指标越高，就说明企业的产品定价科学、成本控制合理、营销策略得当，其主营业务突出，具有强大的市场竞争力。

2.销售净利润率

销售净利润率即净利润在销售收入中所占比率，可以直接反映企业每次销售收入带来的净利润，是企业销售收益水平的表现。其计算公式为：销售净利润率＝（销售收入－产品成本－各项期间费用－税金）/销售收入×100%。

通过对销售净利润率进行评估，我们可以直观地了解到销售额增加后企业是否获得了相应的利润。因为企业的推广、成本、管理等费用，都会随着销售额的增加同步增加，企业净利润很可能停止增长甚至负增长。

在对这项指标进行分析时，我们可以将连续几年的数值进行纵向对比，从而得到企业近几年的发展趋势；也可以将指标数值与其他企业或同行业的平均数值进行横向对比，从而判断企业的市场竞争能力。

3.净资产收益率

资产即能为企业带来经济效益的资源，通常分为流动资产和固定资产两种。负债即预期会导致企业经济利益流出的现时义务，根据偿还期限可以分为短期债务和长期债务两种。资产与负债的差值即为企业的净资产。

净资产收益率即净利润与净资产的比值，又被称为股东权益报酬率，计算公式为：净资产收益率＝净利润÷净资产×100%。

这项指标体现了企业使用原有资本获得收益的能力，如企业股东的资金使用效率等，从而反映企业的盈利能力。企业产品的竞争力提高或企业的运营效率提升后，会带动销售利润及资产周转率的提升，净资产收益率也会随之提升。

4.总资产收益率

许多企业会由于自身负债较多而导致净资产收益率虚高，这时我们就需要使用总资产收益率对其进行评估。总资产收益率即净利润与总资产的比值，计算公式为：净资产收益率＝净利润÷总资产×100%。

这是衡量企业盈利能力的重要指标，也是判断企业是否负债经营的重要依据，其数值越高，则表示企业的竞争实力和发展能力越强。总资产收益率与净资产收益率的差距可以反映出企业经营的风险程度。

我们在分析企业的净资产收益率时，最好同步分析其总资产收益率。在将两者对比分析后，我们做出的决策会对企业的发展更有利。

13.2 提前明确核心利润点

在创业初期，很多创业者会感觉自己的努力没有成效，达不到预期的利润增长速度，因此萌生退缩的念头。实际上，只要整理好自己的财务数据，进行科学的盈利规划，找到当前阶段的核心利润点，就能够实现稳步盈利。

明确企业核心利润点的关键是制定预算，确定企业的支出范围。例如，某企业2022年的总预算为2000万元，年终清算时发现花销已经逼近2000万元，这说明企业出现了严重的经营问题。对应到部门也是如此，如果企业给采购部门设置的预算比往年低10万元，采购人员就会努力压缩采购价格，填平其中的差距。

我们可以通过制定预算抓大放小，明确各部门的权利。在预算内的事，就交由负责人自行决定，这样可以极大地减轻高层的决策负担。要想做到抓大放小，企业就需要在预算制定过程中做到以下两个方面。

（1）合理授权。在制定预算时，企业要明确各部门及其负责人的权利范围和职责范围。尤其需要明确他们在预算内的权利及超出预算应承担的责任，这部分的权责界定得越清晰，他们的执行效率就越高。

（2）绩效匹配。没有绩效匹配机制的预算并无实际意义。在制定预算过程中，我们应该将它与绩效激励和绩效评估相关联。这样可以调动员工的积极性，更好地压缩成本。

除此之外，预算的制定依托于第二年的年度计划，因此在某种意义上可以倒逼管理层制定更细致的发展规划。制定预算促使管理层预测企业发展中可能遇到的问题，并在此基础上充分思考，由此得到的应对方案会更有指导意义。

不仅如此，一份具有指导意义的预算，还可以将各个部门进行整合，确保所有人在为共同的目标而奋斗。例如，在某次活动中，我们需要将成本控制在20%以内，达成后会给每位员工发放绩效奖金。这样就可以将所有员工的力量凝聚起来，在保证员工高效工作的同时，还可以有效节约成本。

当然，制定预算需要耗费很多的时间与精力，按季度制定预算不仅可以节约精力还便于及时调整。在企业进入停滞期时，我们可以根据预算的使用情况了解企业的实际经营状况，明确未来的盈利节点，恢复管理层的信心。

13.3　将客单价适当提高一些

客流量和成交率在短期内很难迅速提高，因此想要提高产品的销售额，提升企业的效益，可以将客单价适当提高一些，这是实现盈利增长最快、最有效的方法。其本质就是让每位用户单次消费更多的金额。客单价通常由以下几个因素决定。

1.门店的铺货情况

销售场景会影响用户的购物情况。例如，大卖场、超市及便利店相比，大卖场内产品的铺货量最大、品类最多，超市其次，便利店最次。因此同样的零食在大卖场的客单价可以达到60～80元，在超市可以达到20～40元，而在便利店只有8～15元。

2.品牌商品定位

在销售场景相同的情况下，由于不同品牌商品的定位不一样，其客单价也会出现差异。例如，某商场的A品牌零食套装售价为380元，B品牌的相似套装售价为128元。或许B品牌的销售量更高，但在客单价的作用下，A品牌的营业额会显著高于B品牌。

3.品牌促销活动

在品牌进行促销活动时，用户通常会因为价格优惠而购入更多的产品。我们可以利用这种消费心理，通过品牌优惠活动促成用户购买，从而提高客单价。

4.产品的关联组合

根据关联性不同，产品可以被划分为同品类、相近品类、跨品类和跨大类。我们可以将产品根据关联性进行组合，从而有效提高客单价。例如，将婴儿的食品、衣服、玩具进行组合，实际上横跨了3个大类，但这种组合十分符合用户的消费习惯，可以有效引导用户购买。

在了解影响客单价的因素后，我们就可以充分利用这些因素提高产品的客单价。

对于同类产品，我们可以采用降价促销、捆绑销售或举办买赠活动等方式。对于不同类产品，我们可以通过将产品进行组合，从而带动异类产品的销售。在这个过程中，我们要考虑产品的关联性，利用产品的相似性或互补性引导用户的购买行为。

如果企业的信息化程度足够高，我们也可以对产品的销售数据进行分析。例如，分析各品类在不同季节、不同节日的销售情况，从而将产品与节日连接，进一步引导用户消费；了解各品类的销售趋势，有意识地提升产品的品类档次；创建完善的会员系统，建立会员个人消费行为画像，实现会员的针对性营销。

最后，我们还要实时更新产品信息，频繁制造消费热点，向用户推广当期的最新产品、热销产品、促销产品，将提高客单价常态化。

13.4 为用户分类，创造更多利润

用户分类是企业精细运营的前提。对于创业者来说，在细分赛道上创业的成本更低、成功的可能性更大。用户分类可以帮助创业者利用最小的成本挖掘最大的用户价值。

想要实现用户分层，企业需要立足于业务模式和实际的运营需求，初步构建出用户分层模型。通常情况下，企业会构建两类用户分类模型，分别是一维分层模型和二维分层模型。

1.一维分层模型

一维分层模型，即根据最核心的维度对用户进行划分（如下页图所示），使用频率最高。上图以用户活跃度作为核心维度，构建出一个金字塔式的用户分层模型；下图以用户交易情况作为核心维度，构建出一个漏斗式的用户分层模型。

在一维分层模型的框架下，用户通常会沿核心维度进行迁移，用户的平台价值也会随之提升，偶尔会出现跨越层级的用户。例如，在金字塔模型中，存在注册未满7天的用户直接付费，从而跃迁到付费用户层的情况。

2.二维分层模型

二维分层模型，即针对两个核心维度划分用户。增长-份额矩阵分析法又名四象限分析法，是最经典的二维分层模型。我们可以将用户的平台价值和维系成本作为核心维度，构建一个二维的用户分层模型，如图所示。

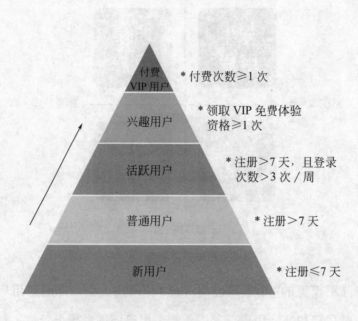

付费
VIP 用户　＊付费次数≥1 次

兴趣用户　＊领取 VIP 免费体验
　　　　　资格≥1 次

活跃用户　＊注册＞7 天，且登录
　　　　　次数＞3 次／周

普通用户　＊注册＞7 天

新用户　　＊注册≤7 天

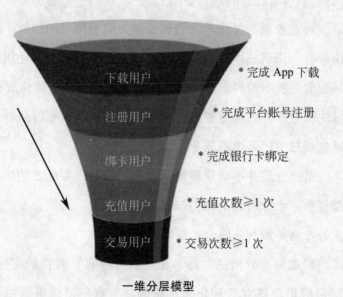

下载用户　＊完成 App 下载

注册用户　＊完成平台账号注册

绑卡用户　＊完成银行卡绑定

充值用户　＊充值次数≥1 次

交易用户　＊交易次数≥1 次

一维分层模型

二维分层模型

二维分层模型的4个象限分别对应4种用户类型，即明星用户、金牛用户、问题用户和瘦狗用户。其中，金牛用户的平台价值较高、维系成本较低，是值得企业重点关注、推动其发展为明星用户的群体；问题用户的平台价值较低、维系成本较高，企业可以交由专业人员推动用户转化；明星用户是企业主要的盈利来源；瘦狗用户则需要企业战略性放弃。

值得注意的是，该模型更适合电商企业使用，其他行业的企业想要使用，则需要根据用户画像和业务场景进行调整。

此外，用户分层并不是越精细越有效。随着分层维度的增加，模型的结构也越复杂，企业投入的精力与成本也就越多。因此企业一定要充分考虑实际业务，选择最有效的分层模型。

在成功构建用户分层模型后，企业就可以有针对性地实施运营策略，提升不同层级用户的业务转化率。同时，企业还可以根据用户的层级优化资源配置，将有限的资源更合理地投入业务运营中，创造更多的盈利机会。

13.5　销售模式：展现趣味性与创意

销售是每个企业都绕不开的话题。很多创业者认为，销售这件事靠运气而不是能力，无论自己多么努力，客户就是不购买自己的产品。随着互联网的发展，层出不穷的创意涌入了人们的视野，有些创业者受到启发，将销售与创意相结合，让客户主动了解并购买自己的产品。

首先，提升销售方式的创意。借势、造势都是不错的方法，例如，网易考拉将销售与传统节日相结合，在临近中秋节时推出"中秋下雨月饼免费"的活动，购买月饼礼盒的用户均可参加。网易考拉将"最美天气"的天气数据作为唯一标准，若中秋节当天20点至21点订单收货地出现降雨，用户可在官方账号申请退款。

其次，提升支付方式的创意。罗马尼亚音乐节Untold采用一种全新的支付方式——"热血"支付。音乐节官方安排几辆献血车停在售票处，为那些前来献血的音乐爱好者发放门票。当然，并非所有门票都可以使用热血支付，官方严格控制兑换总数及个人兑换限额，对前来献血的每个人进行健康检查，避免意外发生。

最后，提升产品本身的创意。好玩、有趣的包装是成本较低、效果较好的营销手段之一。可口可乐曾经结合流行语推出过歌词瓶、台词瓶、密语瓶，其营销不仅覆盖父亲节、母亲节等节日，还涵盖奥运会、欧洲杯、毕业季等重大事件。此外，可口可乐还曾经与罗马尼亚音乐节联动，将瓶身图案作为进入音乐节的凭证。

随着经济水平的提高，用户开始对产品有更高的要求。加强产品在创意与趣味方面的营销，可以满足用户在精神、理念层面的需求。这不仅可以吸引广大的年轻群体，还让品牌形象在每一次营销中更加深入人心，提升企业的行业地位。

13.6 转变经营思维，引导用户复购

曾有研究表明，维护一个老用户的成本仅为开发一个新用户成本的1/3。对于企业而言，引导老用户复购所获得的收益远大于开发新用户的收益。

在引导用户复购之前，我们首先要认清用户流失的根本原因。从宏观上来说，几乎每个行业都存在产能过剩、同质化严重的问题。用户的选择变多，购物需求也发生变化，单一功能的产品很难满足用户的购物需求，他们更愿意为产品的附加价值买单。

所以要想引导用户复购，我们需要转变经营思维，摒弃向用户介绍产品的传统思维，采用向用户介绍生活方式的新型思维。例如，当我们从这个角度出发，在向用户介绍服饰时，就可以在不同的场景展示服装的搭配效果，让用户感受到这些服饰能给他的生活方式带来改变或提升他的生活品质，从而产生购物欲望。

这种方式的关键是将品牌IP化，与用户建立价值连接，以品牌的价值观吸引用户复购。对于品牌而言，与用户建立信息连接也是非常必要的，这可以很好地实现实时触达，从而向用户推荐新品及促销活动，进一步引导用户的复购行为。

品牌IP化需要我们投入大量的时间和成本进行运营，在此之前我们可以通过"三七二十一"回访机制，提升用户体验，从而引导用户复购。

顾名思义，"三七二十一"回访机制即将用户购买或收到产品当日作为一个时间节点，在第3天、第7天、第21天分别进行回访。

例如，某主营艾灸产品的企业，在该回访机制的作用下，用户复购率高达95%。

在用户签收的第3天和第7天，企业的专业技师会打电话进行回访，询问用户是否开始使用、使用效果如何、是否需要具体指导等问题。这种简单的话术实用性极高，不仅成本较低，还能给用户留下负责任的形象，加深用户对品牌的信任。

因为艾灸本身就是消耗品，在第21天，用户购买的艾灸几乎消耗完毕，这时再进行回访，很容易激起用户的购物欲。如果企业在前两次的回访中成功与用户建立信任连接，复购率必定有所提升。

此外，使用该回访机制时，还需要注意收集用户反馈，及时改进产品与服务。对于那些复购率高、购入量大的高净值的用户，我们需要重点关注。我们可以为每个用户建立用户档案，详细记录用户个人信息、购物信息及反馈意见，更好地为他们提供个性化服务。

13.7　传统企业如何实现利润倍增

常有创业者表示："我这个行业最近不景气，太传统，玩不过搞互联网的，利润太低了"。实际上，一些传统行业的龙头企业利润率可高达35%。那么传统企业该如何实现利润倍增呢？

北京有一家属于低端制造行业的耗材公司，主营各类打印耗材，包括硒鼓、墨盒、碳粉等。它的经营方式是通过批发商、代理商和自营店面进行销售，年销售额约300万元，但利润率很低，只有3%。

随着行业竞争日渐激烈，这家公司面临着转型困境。这实际上也是很多传统企业的缩影，它们的发展远远落后于现在的智能化、网络化大趋势。

这家耗材公司尝试了很多转型的方法，例如，取消中间商，改用直营或电商渠道；延长服务链条，开辟打印机维护维修业务等。但都失败了。最终，这家耗材公司选择从用户需求的角度挖掘创新空间。

通过研究用户构成，该公司发现占硒鼓使用量70%的客户是那些打印量大的单位，如银行、保险公司等，而这类公司负责物资采购的通常是行政部门。而真正的使用部门从产生需求到实际拿到硒鼓，至少要经过一周的时间。而且，行政部门和使用部门还要腾出专门的空间来存放这些硒鼓，产生了一定的库存费用。

这家耗材公司根据这一现状改变了销售方式，改由独立经销商推测时间点主动上门给客户补货。这样一来，客户就不需要库存，也不用建立出入库程序，可以节约不少时间和资源。

这家耗材公司还设计了一个产品箱，箱子可以装一个月用量的硒鼓。每一个硒鼓上都贴有条形码，客户第一次使用硒鼓之前需要扫一次码，这家耗材公司就能收到使用消息，每隔一周上门服务一次，及时补货，回收坏了的硒鼓，检修没用完的硒鼓。

随后，这家耗材公司又与第三方公司开展推广合作，在箱子内放置第三方公司的宣传单、优惠卡券、试用装等，从中收取配送服务费，使这个产品箱变成一个销售渠道。这些赠品既为这家耗材公司带来了额外收入，又为客户带来了惊喜。这家耗材公司有了这些额外收入，就可以下调硒鼓的价格，在采购招标时获得竞争优势。

　　通过对用户的分析，并结合实际需求不断创新，这家耗材公司最终实现了转型，找到了新的价值空间。转型之后，它的利润率超过了10%，走出了困境。

　　由此可见，利润率不是由行业决定的，而是由企业的能力决定的。企业就像滑雪道上的人，技能越高，竞争就越少，盈利水平也就越高。

第 **14** 章　对内融资：引进资本助力企业发展

资金是企业发展不可缺少的助力，企业的整个生命周期都需要大量资金的支持，资金可以雇用人才、购买设备、推广产品。可以说，没有资金就没有企业。企业所处阶段不同，对资金的需求量也不同。对于成立初期的企业来说，融资能够快速解决现金流问题；对于高速发展期的企业来说，融资有助于改善经营、管理；对于成熟期的企业来说，融资是维持企业平稳运行的保障。由此可见，融资是企业保持长效发展的关键。

14.1　从宏观层面做基本面分析

现阶段，各行各业的经济增速都开始放缓，进入平稳发展的阶段。在这样的大形势下，一些大企业能够稳中有涨，可一些小企业受到很大的打击，现金流处于收缩状态。解决这一问题的最好方法就是融资。

在经济增速放缓的影响下，企业要想成功存活下来，需要依靠"现金为王"的方针。这四个字不仅是企业应该了解的常识，还是应对危机的策略。借助融资，企业可以确保自己的现金流不断裂。一个拥有充足的、可支配的现金流的企业，将是市场上的大赢家。从这个角度来看，融资对于企业的重要性不言而喻。

一个企业在成立初期、扩张期、平稳期以及下滑期都需要大量资金的支持，以维持正常的经营活动。企业所处阶段不同，对现金流的需求程度也有所不同。因此，企业要在不同阶段进行不同程度的融资，脱离缺少现金流的"泥潭"。

阿里巴巴在1999年10月完成了第一轮融资，金额高达500万美元。此轮融资解决了阿里巴巴的资金危机，成功将阿里巴巴推向海外市场。

2000年，阿里巴巴引入第二轮融资，总计2500万美元。

2004年，阿里巴巴完成8200万美元的第三轮融资。

2005年，雅虎以10亿美元加上其在我国的资产换取阿里巴巴39%的股权，这次交易使阿里巴巴旗下的淘宝、支付宝等产品迅速壮大。

2007年，阿里巴巴在香港联合交易所（香港联交所）正式挂牌上市，融资15亿美元。按照当时的收盘价计算，阿里巴巴的市值已经接近280亿美元。

2011年，阿里巴巴获得银湖、DST（一个总部位于俄罗斯莫斯科的投资机构）、云锋基金等机构的投资，总额高达近20亿美元。

2012年，阿里巴巴通过商业贷款的方式得到国家开发银行10亿美元的贷款。

2014年，阿里巴巴在纽约证券交易所正式上市，融资金额大约为220亿美元。

2019年，阿里巴巴在香港上市之前将融资目标下调到100亿～150亿美元。

这个案例告诉我们，即使是阿里巴巴这样的行业巨头也需要进行融资，为了自身长远发展，普通企业更不能忽视融资的作用。企业在发展过程中需要应对一些突发危机，而这需要现金流的支持。那些不重视融资，甚至不想融资的企业，很可能会因为现金流断裂而倒闭。

14.2　了解投资人估值的4种方法

创业者只有了解投资人给企业估值的方法，才能在融资过程中提高自己企业的估值。常见的估值方法有4种。

1.贴现现金流法

第一步：现金流估算。现金流估算法是估算企业未来5年或者10年的自由现金流，要做好这项工作，投资人必须对目标企业的业务和竞争优势有充分的了解，同时还要有一定的专业基础。

假设A企业2019年的自由现金流是1000万元，销售前景不错，通过一番研究，投资人认为它的自由现金流在未来5年会以10%的速度增长。由于竞争加剧，5年后A企业的自由现金流增长速度可能降为5%。A企业从第1年到第10年的估计现金流如下表所示。

A企业从第1年到第10年的估计现金流

时间	现金流	时间	现金流
第1年	1100万元	第6年	1691.04万元
第2年	1210万元	第7年	1775.59万元
第3年	1331万元	第8年	1864.37万元
第4年	1464.1万元	第9年	1957.58万元
第5年	1610.51万元	第10年	2055.46万元

第二步：贴现率估算。贴现率指的是投资人要求的投资回报率，如果投资人认为项目风险高，他会要求更高的贴现率。

基于创业企业预期寿命的不确定性，投资人要求的贴现率通常要比上市企业的高。因为投资人一般会假定上市企业可以永续经营，而创业企业受很多不确定因素的影响，预期寿命会短一点。

相关研究表明，贴现率范围为8%～14%时，风险越高、波动越大的行业取值越高，越接近14%；风险越低、波动越小的行业取值越低，越接近8%。一般来说，稳定的工业制造项目估取9%的贴现率，而风险较高的互联网项目估取13%的贴现率。

2.可比企业法

第一步：挑选同行业可参照的上市企业。可比企业法可以提供一个市场基准，投资人可以依照这个基准来分析目标企业的价值。这里的市场基准应当是目标企业同行业可参照的上市企业，这个上市企业能为投资人提供一个相关性很强的参考。

可比企业法最困难也是最核心的部分就是挑选与目标企业具有相同核心业务和财务特征或风险的上市企业。可比企业法是根据市场形势以及投资人的心态来反映目标企业的估值。

第二步：计算同类企业的主要财务比率。为了将目标企业与同类企业进行比较，投资人必须找出所需要的财务信息，以便计算出同类企业的主要财务比率。

同类企业上一年的年度财务报表以及当年的季度财务报表可以作为历史财务信息的主要来源。投资人可以通过毛利率、EBITDA（税息折旧及摊销前利润）率、EBIT（息税前利润）率以及净利润率4个指标分析同类企业的盈利能力。投资人可以用3个指标来分析投资收益，包括ROIC（已投资本回报率）、ROE（股东权益回报率）以及ROA（资产回报率）。

第三步：用这些比率作为市场价格乘数推断出目标企业的估值。挑选出同行业可参照的上市企业并计算出主要财务比率后，投资人需要将目标企业与同类企业进行比较和分析。

比较的目的是确定目标企业在行业内的相对排名，这样，投资人就可以确定相对的估值范围了。

3.可比交易法

第一步：挑选同行业被投资的相似企业。任何一次融资交易，估值过程中都会参考过往相关融资交易的估值，交易之后则又成为后续融资交易的估值参考。可以说，估值的过程是对企业未来的效益水平进行科学量化的过程，受到当下市场环境的影响。

第二步：根据溢价水平估值。选择同行业中与目标企业规模相同，但是已经被投资、并购的企业，在这些企业的估值的基础上，获取与融资估值相关的财务数据，并计算出相应的融资价格乘数，以此为依据对目标企业进行估值。

4.标准计算法

第一步：计算企业的利润。对发展较快的高科技创业企业按照利润来估值比较合适。利润计算的逻辑是：投资人投资的是一个企业的未来，是对企业未来的盈利能力给出当前的价格。因此，计算方法为：企业的估值＝预测市盈率×企业未来12个月利润。

通常来说，风投机构确定预测市盈率时普遍用到的方法是给历史市盈率打折扣。例如，互联网行业的平均历史市盈率是60%，那么预测市盈率大概是50%。

第二步：以销售额为基础进行估值。如果企业还没有产生利润，投资人可以以企业的销售额为基础，按照行业的平均估值倍数进行估值。行业不同，平均估值倍数不同，企业的估值=上一年度销售额/下一年预计销售额×平均估值倍数。

例如，制造业利润率超过35%，估值可以是最近一期的年度销售额或下一年预计销售额乘以2；批发业利润较低，估值可以是年度销售额乘以0.5；商业零售业的企业估值可以是年度销售额乘以1。这只是一般情况，具体情况则要具体分析。

14.3 商业计划书的6项关键内容

商业计划书的模板相对固定，主要包括企业产品及商业模式介绍、竞品分析、市场营销计划、市场执行方案、管理团队介绍以及资金使用计划6项关键内容。

1.企业产品及商业模式介绍

只有让投资人认为产品是稳定的、有利可图的，才有可能引起投资人的兴趣。因为投资人每天要浏览大量商业计划书，留给每一份商业计划书的时间很少，所以创业者就要用最简洁的话将"产品是什么"和"商业模式是什么"讲清楚。

在介绍产品时，创业者需要用一句话或两段以内的内容将其表述清楚。

商业模式包含运营模式和变现模式。运营模式是获取流量、提升品牌影响力的内在逻辑，也是变现的重要支撑。

投资人在看了产品和商业模式的相关内容后，会对项目有初步的判断，在后续了解中会对自己的判断进行验证。

2.竞品分析

在商业计划中分析竞品，将自己的产品与竞品作对比，可以向投资人间接证明创业者思虑周全，信心十足。对创业者来说，所在市场的竞争对手越少，项目成功的可能性越大。投资人当然也喜欢蓝海市场中的项目。因此，创业者在分析产品的竞争力时，应当对竞品进行分析，以体现自己产品的竞争优势。

一般来说，在分析竞品时，创业者需要思考以下几个问题。

（1）竞争对手情况：所在市场是不是红海？竞争是否异常激烈？

（2）巨头情况：有巨头吗？如果有巨头，则需谨慎。

（3）巨头数量：是不是有多个巨头？如果巨头互相残杀或者无暇顾及新兴企业，那么可以抓住机会。

从业务层面上看，创业者会尽可能降低与巨头企业业务的重叠度。但如果创业者的业务与巨头的上下游业务相关，那么也可能与巨头成为竞争对手。以电商为例，目标企业与巨头仅在品类上有差异是不够的。因为电商巨头有充足的资金调整团队结构、业务方向以及产品品类。创业者如果选择将巨头当作竞争对手，试图分得一杯羹，那么创业风险非常大。

3.市场营销计划

由于商业计划书需要让投资人看到创业者对目标市场的深入分析和理解，因此商业计划书要包含市场营销计划。市场营销计划可以从概述、环境分析、目标、具体方案、费用预算等方面展开，其中具体方案是市场营销计划的重点内容，一定要着重体现。

4.市场执行方案

商业计划书中要有一个完整的市场执行方案，那么市场执行方案具体包括哪些内容呢？通常，市场执行方案包括8个方面的内容，如下图所示。

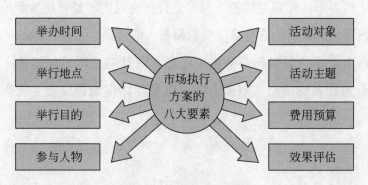

市场执行方案的八大要素

在制定市场执行方案的过程中，创业者除了要将上面的八大要素考虑全面之外，还需要对一些问题进行详细的规划，如项目经理人选、执行进度和时间安排、活动风险控制等。如果这些问题能够得到解决，可以在很大程度上影响投资人的决策。

5.管理团队介绍

在介绍企业管理团队时，要重点介绍核心团队。创业者一定要将核心团队的从业经历和擅长领域突显出来，吸引投资人的注意。

在商业计划书中，创业者应先介绍团队成员的基本职责，然而再分别介绍每位成员的特殊才能，体现每位成员对企业所做的贡献。

除了对核心团队进行介绍，商业计划书中还需要体现企业技术、销售、运营等方面的核心骨干成员，对团队成员的互补性和完整性进行展示，以增加融资的筹码。

6.资金使用计划

资金使用计划是商业计划书的一个重要组成部分。在明确融资金额的情况下，核心团队需要对融资的用途进行重点说明，最好将资金的使用计划细化到具体的项目。这样更能吸引投资人的兴趣。

这要求创业者要明确业务拓展计划，并且制定出具体的资金分配方案，考验创业者的战略规划能力，同时也能体现出创业者"钱生钱"的能力。

14.4 项目路演：PPT制作＋内容设计

融资过程中的项目路演是很重要的环节，目的是让投资人在几分钟内就记住创业者的项目并产生兴趣。创业者可以从PPT制作和内容设计两方面入手，增加自己脱颖而出的概率。

1. PPT制作

PPT作为路演时最重要的材料，是很有讲究的。PPT的字体、页数、内容与背景的对比度都要精心安排，这样才能增加在众多项目中脱颖而出的概率。

（1）字体。一般来说，将一页PPT展示给投资人时，他们最先注意到的是最大号字体的内容。因此，创业者应该将整页中最重要的内容用大字号表示。

（2）页数。在制作路演PPT时，很多创业者不知道多少页合适，少了怕要点展示不全，多了又怕投资人没有耐心看。

路演PPT合适的页数在5～7页，这样既可以展示重要的内容，也可以保证投资人有耐心听下去。

（3）内容与背景的对比度。创业者要保证内容与背景的对比度，对比度越高，内容展示得就越清楚，投资人看起来也越轻松。

要想达到内容与背景的高对比度，创业者在选择背景时应该尽量以浅色为主，不能太过花哨，要简洁、素雅、大方。如果创业者只考虑背景是否美观，选择一个颜色丰富、设计感很强的背景，那么就会喧宾夺主，分散投资人的注意力。

2. 内容设计

（1）黄金圈法则结构。黄金圈法则其实就是3个套在一起的圈，其中，里圈是Why(为什么)，中圈是How(怎么做)，外圈是What(做什么)。

例如，首先从内圈的Why说起，企业的核心使命是改变市场现状，打破固有的思维模式；其次介绍中圈的How，实现核心使命的方法是研发并生产性能高、速度快、体验好的产品；最后阐述外圈的What，创业者的企业专门生产手机、电脑等数码产品，是行业中的佼佼者。

（2）PREP结构。PREP分别代表Point（观点）、Reason（理由）、Example（具体事例）、Point（观点升华）。PREP结构的本质是最基础的总分总结构。创业者在使用PREP结构进行路演的过程中，应该注意以下

4个方面。

第一，在一开始就表明观点，切忌有半点犹豫。

第二，给出的理由不需要太多，两三个就可以。一般情况下两个比较合适，因为这样更容易把握好案例部分。

第三，最好把自己的经历或故事作为案例，主要目的是提升说服力和吸引力。

第四，路演结束之前，必须要重新强调一下自己的观点。

（3）时间轴结构。时间轴结构就是按照时间顺序来演讲。在使用这一结构的时候，无论是讲事实，还是谈想法，关键都是要有时间轴。

时间轴结构之所以成为常见结构，主要是因为它可以通过时间线索将不同的事物或者故事联系在一起，并赋予其清晰的逻辑。一般来说，该结构比较适合创始人、董事长、总裁、总经理等高层领导使用，其特点是大气磅礴，可以畅谈5年、10年，甚至更长远的目标和愿景。

14.5 打造最优股权架构

股权架构是企业治理结构的基础。不同行业中的不同企业可以依据自身实际情况，在不同阶段搭建不同的股权架构，以提高企业的效益。

创业合伙人之间的股权分配是至关重要的。股权分配得好，股权架构就合理。一方面，合理的股权架构可以使创业团队凝聚向心力，提高企业竞争力，从而使每个合伙人利益最大化；另一方面，合伙人之间的股权分配在一定程度上决定了企业未来融资的难易程度和成败命运。

企业要想稳定经营，必须有一个占据最大股权比例的领头人。即便是未来融资给投资人分配股权后，领头人应依然占有最大比例的股权，拥有绝对控制权。只有这样，才能保证他对企业的经营发展有足够的话语权。

初创企业大多还没有形成自己的商业模式，核心团队也没有正式形成。此时，合伙人之间的股权分配应当考虑创始人身份、发起人身份、出资额度和岗位贡献，保证创业团队的股权分配是公平的，如下图所示。

分配股权时应考虑的因素

在充分考虑以上4个因素后，下一步就可以分配股权了。例如，对于长期资源提供者，具体分配的股权比例应当视资源对企业发展的重要程度而定；对于那些承诺投入短期资源，却不全职创业的人，应当仅给予项目分红，无须通过股权与其进行长期、深度的绑定。

如果专业技术人员为全职创业，创业者应当给予其较高比例的创始股权，并且按照合伙人标准分期、分批授予股权。对于不是全职创业的兼职技术人员，创业者可以通过期权池给其分配少量股权。

对外部核心资源合作者，创业者可以通过期权池和虚拟股票对其进行业绩激励和价值绑定。这种操作方式不需要做工商登记变更，股份由创始合伙人或有限合伙企业代持。

对于资源提供者的股权分配，创业者应当科学评估其所提供资源在项目发展过程中各个阶段的作用。创业项目的启动、测试、推出等各个阶段，对资源的需求不一样，股权分配应充分考虑资源在不同阶段所起到的作用，以充分调动资源提供者的积极性。

14.6 制定完善的退出机制

对于企业而言，股东入股并不意味着他要永久地持有该企业的股票，股东是流动着的，这也是企业保持活力的重要动力。那么当股东想要退出企业时，创业者该怎么做呢？创业者要如何制定退出机制，才能够保障自身利益不受损害呢？

为避免股东退出企业引发不必要的纠纷，创业者需要提前制定完善的退出机制，其中最重要的原则是"退出即退股，不带股退出"。在股东退出企业时，创业者应该与其签订资产分割协议和股权退出协议。这样有利于确保股东退出企业之后，不会给企业带来太大的负面影响。

一般来说，合伙企业的合伙人在决定合伙时都会约定合伙的时间。时间截止，如果合伙人选择退出，那么必须把股权还回来。

如果时间没有到，合伙人要求中途退出，那么可以根据企业的状态分为两种情况。

（1）企业处于亏损状态：不归还当初的出资额，合伙人净身出户，股权转让给其他合伙人或者第三方（首先要询问其他合伙人是否购买股权，如果不购买，再将股权转让给第三方）。

（2）企业处于盈利状态：不归还当初的出资额，将本年度收益按照股份比例分配给合伙人。同时，签订一份股份转让协议，将合伙人的股权转让给其他合伙人或者第三方，以后企业的盈利和亏损都与退出的合伙人无关。

退出机制在企业的发展过程中非常重要。只有对合伙人进行一定的约束，使其中途退出的成本不断增加，才可以让团队成员一起努力，把企业越做越大、越做越好。

14.7　融资的基本流程

通常情况下，融资的基本流程分为5步。

第一步：创业者提交创业申请，供投资人审查。当创业者选定了创业目标，且在人才、推广渠道、商业模式等方面都做好准备后，创业者就需要提交一份创业申请，其中要详细描述创业的种类、资金规划、财务预估、行销策略、风险评估等，吸引投资人的目光。

第二步：投资人初步认可项目，创业者提供完整的商业计划书。如果投资人初步认可创业者的项目，会要求创业者提供完整的商业计划书。

投资人将对商业计划书进行可行性分析，并对创业者提供的资料保密。

第三步：合同锁定后，创业者协助投资人完成尽职调查。在投资人审查完商业计划书并认为项目拥有较大的市场潜力之后，将与创业者以合同的形式锁定项目，并会尽快进行相关的尽职调查工作。在此期间，创业者不得与其他投资人讨论融资问题。此外，投资人将会派人到创业者的企业及其相关客户、供应商处进行调查，创业者应给予必要的协助。

第四步：终极谈判，确定相关条款。在尽职调查后期或即将完成之时，若投资人未发现重大隐瞒问题，便会与创业者就企业的估值进行谈判，其中会涉及企业的价值衡量、企业估值方法，以及融资金额等。

第五步：签署合同前的最后确认。在准备签署有关文件或投资协议时，创业者与投资人需明确以下3个方面。

（1）双方的出资数及各自所占股份，包含对技术的定价、对员工持股的安排。

（2）企业的组织结构及双方担任的职务。

（3）对投资人的控制与保护。

14.8　初次融资建议与FA机构合作

FA全称为Financial Advisor，即金融顾问。FA机构即金融顾问机构，能够在企业初次融资时为其提供融资顾问服务，包括对接投资人、梳理融资流程、协助企业做信用担保等。

信用担保即在企业自身信用资质未达到银行要求的情况下，由FA机构提供担保，以此提高企业的资信等级，从而使企业获得融资的一种债权融资方式。信用担保可以保障债权实现，同时促进资金与其他生产要素的流通。

作为一种特殊的中介活动，信用担保的主要作用就是将投资风险分散或转移。担保机构的介入，不仅分散了银行贷款的风险，还增强了银行对中小型企业贷款的信心，中小型企业贷款的渠道也因此变得通畅。

FA机构不会限制企业所处行业，但会要求企业具有持续、稳定的经营能力，还要求企业在其行业内具备相对优势，如在产品、资源等方面超越同类企业。同时，FA机构还会根据企业的资产负债率、现金流量、利润增长率等数据指标和历史经营状况判断其偿还能力。此外，部分FA机构要求企业领导具备战略眼光或企业团队具备凝聚力。

专业的FA机构不仅能根据企业融资需求为其制定相应方案，还可以帮助企业改善治理结构，在一定程度上提升企业的实力。在FA机构的协助下，融资往往事半功倍。

由于信用担保存在不易审查和控制的特性，因此企业在选择FA机构时应遵循适度、谨慎的原则。FA机构良莠不齐，在资本实力、风险控制和商业信誉等方面存在差别。企业应当结合实际情况，对FA机构进行筛选，排除那些实力弱小、无法提供担保的机构。

第15章 对外投资：让你的资本流动起来

初创企业如果想要获得投资人的投资，得到资本市场的认可，首先需要了解投资的逻辑。当前涌入创业赛道的人越来越多，投资人对众多投资请求应接不暇。但投资的核心始终不变，即考察项目的市场是否足够大，能够带来的回报是否足够多。只要抓住这两点，无论是创业者还是投资人，都可以实现自己的心愿。

15.1 投资4要素：好、强、高、多

如何在投资时选出好项目？答案可以总结为4个字：好、强、高、多，即商业模式好、成长能力强、竞争壁垒高、超级用户多。

1.商业模式好

一个值得投资的商业模式究竟是什么样？这个问题出现在很多投资人

的脑海中。下面3种商业模式很受投资人的青睐。

（1）免费增值模式，即长时间为用户提供免费服务，但产品的一些先进的功能或虚拟货品需要付费才可以使用。例如，Zoom的基础功能可以满足大多数用户的线上沟通需求，但在很多场景下，尤其是当商务会议时长超过45分钟时，Zoom就开始收费。知名客户关系管理系统Salesforce也是同理。

（2）订阅模式要求用户黏性非常高，且用户的付费意愿强。例如，以抖音为代表的社交媒体通过搭建内容生态，吸引并留存了大量活跃用户，进而将这些用户转化为流量资源，让机构和商家通过付费甚至竞价的方式获取流量。

（3）平台和生态型商业模式比较难搭建，要求高，企业会面临很多困难。但是，一旦成功搭建此类商业模式，企业会收获巨大的惊喜，例如，苹果、Google、亚马逊等都是这方面的经典案例。一个完整、闭环的商业生态将是企业绝佳的"护城河"。

有些企业为了标新立异，试图自己创造一个全新的、更有价值的商业模式。这需要勇气和牺牲精神，更需要远见。例如，被誉为"世纪网络第一人"的杨致远于1994年和大卫·费罗建立了全球第一入口网站雅虎（Yahoo）。在建立雅虎网站的同时，杨致远还创造了一个基于互联网的商业模式，即网站盈利全部依托于广告，而在用户层面完全免费。通俗地说，就像"羊毛出在猪身上"。在雅虎出现前，用户需要花钱才可以浏览和获取各类信息，而雅虎具有开创性，带来了商业模式变革。

2.成长能力强

投资人为企业投资，看中的是企业的未来。判断企业有没有未来非常关键的一点，就是看这家企业有没有足够强大的成长能力。就像平时的社交一样，大家都更想与有成长能力、未来可以发展得好的人成为朋友。

在投资领域，投资人要像判断一个人有没有发展前景那样去衡量企业的成长能力。但是，对统计学有了解的人应该知道，投资人通常只能"大概率"地衡量企业的成长能力。投资人应该做的是，分析企业有多少概率可以朝更好的方向发展。在根据历史数据预测企业未来的发展趋势时，投资人具体可以从以下几个方面入手。

（1）看企业的营业收入。营业收入越多，企业的发展前景越好，成长能力越强。如果投资人了解企业营业收入的增长情况，那么就可以知道企业的生命周期，也可以分析出企业当下处于哪个发展阶段。

一般营业收入增长率高于10%，说明企业处于成长期，未来有很大概率可以保持较好的增长势头；营业收入增长率为5%～10%，说明企业已经进入稳定期，即将迎来衰退期，需要研发和生产新产品；营业收入增长率低于5%，说明企业已进入衰退期，如果没有新产品，很可能会继续走下坡路。

稳定的营业收入、持续的营业收入增长，是企业具备较强成长能力的最佳表现。

（2）看经营活动现金流。成长能力强的企业，其经营活动产生的现金流和利润是正相关的，而且二者会同步增长。当然，有些时候经营活动产生的现金流会大于利润增长。如果一家企业的利润有所增长，但经营活动产生的现金流减少，那么这家企业很可能利用净利润营造一种自身发展良好的假象。在这种情况下，投资人要重点考察企业的应收账款和存货是否大幅增加。

（3）看自由现金流。自由现金流是企业的"真金白银"。自由现金流持续增长，说明企业拥有很强的成长能力。

（4）看提价权。如果企业具备提价权，就可以在不增加成本的情况下获得更多收入，而且这部分收入基本都是利润。对于投资人来说，这是非常有利的。但是，具备提价权的企业往往在人们心中无法被取代，且很难找到替代品，而且投资人需要具备很强的实力才可以与其合作。

如果投资人过于看重企业的成长能力，也很容易走偏。"成长"二字具有很强的诱惑性，甚至会误导投资人盲目地投资那些"假大空"的企业（看似很有爆发力，其实是"绣花枕头"）。因此，除了成长能力外，投资人也要关注其他指标，如综合实力、文化愿景、未来发展等。

3.竞争壁垒高

对于任何企业而言，竞争壁垒都是一把非常好的"保护伞"。一般来说，竞争壁垒可以分为硬性竞争壁垒和柔性竞争壁垒。聪明的投资人应该知道，与硬性竞争壁垒相比，柔性竞争壁垒虽然没有一个通用的判断标准，但是能决定企业，甚至行业成败的关键。

第一个柔性竞争壁垒是业务方向。它在一定程度上决定了创业者是否愿意躬身入局、脚踏实地做别人不想做或不愿意做的事。有投资价值的企业通常会基于自己的业务方向有意或无意地关注行业空白，挖掘尚未被覆盖的业务领域。这些业务领域背后往往蕴含着非常大的价值。

第二个柔性竞争壁垒是持续积累数据的能力。例如，如果Facebook没有建立用户必须注册才能浏览平台内信息的保护机制，那么将很难积累大量数据。又如庞大的用户体量使苹果能够凭借丰富的数据搭建一个完整的内容生态，让硬件和软件之间形成闭环，这是后来者几乎难以撼动的绝佳"护城河"。

第三个柔性竞争壁垒是策略和执行力。很多领域会存在"赢家通吃"的局面，部分企业便因此而对这些领域望而却步。其实聪明的创业者不仅能够站在"巨人"的肩膀上，吸收其他企业的成功经验，还可以让自己的企业拥有很快的发展速度，不断为自己积累优势。

除了策略外，创业者和核心团队的执行力也非常重要。来自南京的华裔企业家徐迅在硅谷创办了外卖企业DoorDash，用不到10年的时间后来居上，打败老牌外卖企业Grubhub，成功在美国上市并成为当地规模最大的外卖企业。

创业者要将自己的企业打造成领军企业，从而在行业中形成竞争壁垒。每个行业中都充斥着模式各异、质量参差不齐的企业，投资人的任务就是从中筛选出合适的企业进行投资。

4. 超级用户多

超级用户通常是指对品牌有认知、对产品有购买意向、会重复购买产品、能为企业提供反馈意见、愿意推荐其他人购买产品、对产品有较高忠诚度、与企业建立起强联系的用户。尼尔森提供的数据表明，超级用户的消费能力是普通用户的5～10倍。

企业通过维护超级用户，可以达到零成本拉新的效果，进一步促进销售业绩增长，从而让投资者获得更多回报。值得投资的企业会为超级用户设计一个升级通道，赋予他们一种特殊身份，为他们提供更高端的产品和更优质的服务。

当企业使超级用户进化为付费会员时，就代表企业与他们建立了更持久、坚固的信任关系，发展得更稳定。信任是一切商业活动的基础和前提，没有信任，商业活动就无法开展。超级用户正是因为对企业有更持久、坚固的信任，才可以帮助企业创造新的商机。

以山姆会员店为例，它不像家乐福、永辉等百货超市那样依靠销售差价盈利，而是依靠会员费盈利。这也就意味着，它的销售差价只需要覆盖运营成本即可。例如，同一款进价为30元的商品，家乐福售价为40元，永辉售价为41.5元，而山姆会员店售价为35元。山姆会员店创新了百货超市的商业模式，如果没有超级用户，那么可能不会有山姆会员店的崛起和发展。

15.2　项目可投资性分析与评估

投资人在对某个企业的某一项目投资之前，要先对企业整体状况进行分析与评估。如果单凭创业者一面之词，投资人的判断难免会产生偏差，投资人应通过以下几点对企业进行整体评估。

1.企业组织架构

企业在哪里注册？企业旗下有没有分公司、子公司、关联公司，分别是哪些？企业有哪些部门？这些部门是如何运转的？这些问题是投资人最为关心的，创业者最好绘制一个组织架构图，把各部门的功能和责任都展示给投资人。此外，薪酬体系、股东名单、股权认购情况、特权持有者、董事会成员及其背景也需要体现出来，以便投资人对企业的组织架构有更深刻的理解。

2.企业获得的历史投资额

如果项目已经出现了很长时间，但是并没有筹集到任何资金，那么投资人便会怀疑项目的可行性，甚至会怀疑创业者的创业态度。

如果项目发展得很好，而且获得了比较高的历史投资额，那么投资人就会非常愿意投资。他们会放心地把自己的钱交给创业者去打理和使用，同时也会关照创业者，毫不吝啬地为其提供帮助。

3.企业合约与订单

如果企业有大量的合约、订单、意向书，那么创业者可以向投资人展示。投资人不喜欢"我的项目可以赚大钱""你投资之后肯定会有丰厚的回报"这类口说无凭的话，他们通常更倾向于真实的成绩。

除此之外，企业负债也是投资人重点考察的方面。负债表示企业负有偿债责任，债权方对企业具有求索权。一般来说，企业的负债包括以下几种：银行的贷款、延期未支付的款项、一定时期内的贷款利息、未支付的税款和应付职工薪酬。如果企业的负债过重，投资人一般不会考虑为其投资，因为他们不希望自己的资金全都被用来偿还债务。

不是所有的企业都是这种情况，例如，相较于行业的平均水平，格力的负债率一直比较高，但这没有影响其获得丰厚的利润。实际上，负债可以分为两种：一种是有利负债，另一种是不利负债。

因此，在判断企业的收益和风险时，投资人除了要看负债外，还要分析负债的性质。如果企业的负债大多是有利负债，那么即使负债率比较高，投资人也会权衡其他因素，做出正向的投资决策。

15.3 重点考察创始人和团队

当投资人真的考虑要投资一个初创企业时，他不仅会考察项目是否有前景，还会重点考察创始人和其团队是否有主持大局的能力，以及是否符合自己的心意。

1. 创始人

投资人最看重创始人以下5种品质，包括让创业团队不离不弃的魅力、有目标清晰的创业计划、有领导和决策能力、有扩大圈子的社交能力、有行业经验和创业经历。

2. 创业团队

优秀的创业团队是创业项目取得成功的决定因素之一。

（1）创始人要想有所作为，必须对创业团队的专业能力有所要求。比如，复星集团对人才的要求是："我们在评价一个人的时候，最重要看他的能力，我们永远要跟有能力的人站在一起。在有能力的人中，通过合理的激励把他们变成自己人。"

（2）创业团队应当富有激情。比如，雷军在年近40岁时创立了小米科技企业，他选定的创业团队成员大多是来自谷歌、微软、摩托罗拉等一流企业的高级人才。这些人都是被雷军的创业梦想感染，满怀激情而来的。

（3）创业团队不仅需要激情、专业能力，还需要有凝聚力。一个初创企业的团队最好是2～4个人，而且团队成员之间应当优势互补。

社交能力在创业过程中的作用很大。人脉圈子为创始人带来了丰富的创业信息、资金和宝贵经验。扩大社交圈子，结交更多朋友，获得更多信息和更大发展，成为创始人走向成功的捷径。

如果创始人的社交能力弱，那么很有可能在创业之初就失败了。因为他无法凭借有说服力的语言赢得投资人的资金支持和客户的业务支持。可以说，社交能力是创始人"借力打力"的捷径。

（4）目标清晰的创业计划是创始人能够带领团队做出产品的基础。创业团队再优秀，如果没有明确的创业计划，也很难取得成功。

15.4　投资策略之股权投资

股权投资是企业获得资金的主要途径，股权投资主要包括天使投资和风险投资两种。

1.天使投资

天使投资的主要目的是帮助创意好、有发展前景、处于蓝海市场的项目获得更好的发展，替创业者分担失败的风险，获得收益。天使投资是自由投资人或非正式投资机构对项目的一次性投资，一般是初创企业获得的第一笔投资。

作为一种参与性投资，天使投资也被称为增值型投资。即便只是一个创业构思，只要有发展潜力，就有可能获得天使投资。如果投资人信任创业者的能力，还可能会向创业者提供如人脉、技术专利、管理经验等资金以外的综合资源。

通常情况下，天使投资人对回报的期望值在10～20倍。天使投资人一般会在一个行业同时投资10个以上的项目，最终可能只有一两个项目成功，所以10倍以上的回报才能有效分担风险。

天使投资金额较小，在500万元以下的约占78%，500万～1000万元的占到13%，1000万元以上的只有9%。由于投资金额小，天使投资人在初创企业中倾向于小额占股，一般在10%～30%，基本不会超过35%。

2.风险投资

从广义上来讲，风险投资泛指一切具有高风险、高潜在收益的投资；

从狭义上讲，风险投资是对中小型高新技术企业进行投资。在风险投资中，高度专业化和程序化通常是投资人做出投资决策的基础。

如果高新技术企业处于快速成长阶段，就可以吸收风险投资。风险投资与中小型高新技术企业的融资需求适配性极强，是此类企业的首选融资方式，风险投资的特点如下。

（1）刚起步的中小型高新技术企业通常规模较小，同时缺乏作为抵押担保的资金或资产。风险投资的投资决策主要建立在对技术和产品认同的基础上，无须财产抵押，用资金就可以直接换取企业的股权。

（2）风险投资的投资期限至少为3～5年，投资方式一般为股权投资，投资人拥有被投企业30%左右的股权，且不需要担保或抵押。

（3）风险投资人不仅能够为企业提供资金支持，还能给企业带来一定的资源。项目的后期发展和后续融资都会顺利许多。

对于想吸收风险投资的中小型高新技术企业来说，具备预测未来的能力非常重要，这在很大程度上决定其拥有的财富数量。创业是"创"未来，投资也是"投"未来，创业者应该三思而后行，把握住发展趋势后再出手，从而更有效地吸收风险投资。

15.5 投资策略之IFC国际投资

IFC全称为国际金融公司，是一个以推动私营企业快速发展为主要目的的组织，它为各国私营企业提供资金，鼓励资本向私营企业流动，推动全球经济发展。

牧原集团是集养猪、屠宰、饲料加工于一体的大型农牧企业，其每年出栏生猪约320万头，屠宰加工生猪约100万头。2021年4月，牧原集团入选"2020年全国农业产业化龙头企业100强"，名列榜单第19位；2022年，牧原集团进入"胡润世界500强企业"榜单，全球排名第390。牧原集团能取得如此飞速的发展与IFC的投资有着密切的关系。

双方的合作始于2010年，IFC向牧原集团的子公司卧龙牧原投入1000万美元。此次合作使IFC深切感受到牧原集团的发展前景及企业实力，次年，IFC派遣专家前往牧原集团进行实地调查，并决定向其子公司钟祥牧原投入3000万美元，用以推进牧原集团养殖产业的一体化建设。这一举措为牧原集团后续的专业化、国际化发展奠定良好的基础。

IFC的驻华代表表示，牧原集团是IFC在华投资最成功的企业，也是IFC在华投资最成功的案例之一。牧原集团正在向国际化迈进，面向全球运作发展，IFC有能力，更有动力支持牧原更好地发展。

自建立合作关系以来，牧原集团一直是IFC的最佳合作伙伴。在国际资本的助推下，牧原集团发展飞速，获得无数辉煌的业绩。目前，牧原集团已经成为国内领先的一体化养殖企业，其仍致力于提升企业综合实力，力求与IFC实现携手共赢。

我国已成为全球范围内IFC的投资数量增长最快的国家之一。从IFC的投资及运作逻辑中，我们不难发现，IFC重点关注那些处于基础设施、环境保护、金融等行业的中小型民营企业。创业者应该努力推动企业实现可持续发展，维护企业的优质信用，吸引IFC的投资。

15.6 投资策略之产权投资

产权投资以产权为投资对象，具有扩大企业经营范围、提升企业经营效益的作用。除此之外，产权投资还能够对企业的组织管理结构和制度进行变革，使其更加适应现代市场的快速变化。产权投资主要包括杠杆收购和基于产权做交易两种方式。

1.杠杆收购

杠杆收购又名融资并购，是一种常见的金融策略，利用目标企业的资产及未来收益作为抵押收购该企业。许多收购方会利用融资或贷款支付70%及以上的交易费用，使用被收购企业的未来收益支付借贷利息，最大限度地减少自身现金开支。杠杆收购步骤如下。

（1）设计准备。即由收购方制定收购方案，并与被收购方谈判，同时进行融资准备。

（2）集资和融资。通常情况下，收购方会先从本企业的管理层处筹集收购总额的10%～20%，再向投资人定向发行占收购总额20%～40%的股权或债券。此外，收购方还会抵押被收购方的资产，向金融机构进行大笔借贷，贷款金额约为收购总额的50%～70%。

（3）完成并购。收购方利用筹集到的资金购进被收购方的全部股份，实现完全控股。

（4）对被收购方进行整改。在完成整改后，被收购方的盈利能力将会恢复到被收购前，这样可以显著降低并购带来的债务风险。

2.基于产权做交易

产权交易即交易双方按照法律规定及双方约定的内容，通过出售、购买、兼并等方式，将一方的企业产权移交给另一方，使被交易企业的法人实体改变或失去法人资格。这种投资方式兼具市场性、复杂性、限制性、多样性，通常可根据交易形式分为以下几种。

（1）资产转让。即资产的所有者与需求者进行有偿交换，也就是交易双方按照等价交换原则，利用货币与实物资产进行价值交换。

（2）企业兼并。即一家企业兼并另一家企业的产权，在兼并完成后，兼并方将作为存续企业保留原有名称，被兼并方的法人实体则会改变或者失去法人资格。

（3）资产租赁。即一方通过支付租金的方式，在一段时间内获得另一方资产的使用权。主要有服务性租赁、经营性租赁、融资性租赁3种形式。

（4）产权拍卖。即产权所有者通过竞买，将产权转让给出价最高的求购者的交易方式。主要有所有权拍卖、经营权拍卖两种形式。

（5）股份转让。即企业股东将持有的股份有偿转让给他人的行为。在失去股份后，企业股东也会失去相应的收益权和表决权。

（6）承包经营。即在签订承包经营合同后，将企业的部分或全部经营管理权在一定时间内交给承包人。在获取收益的同时，承包人也应承担相应的经营风险。

15.7　投资策略之整合型投资

整合型投资，顾名思义，即某家企业与其业务相关的周边企业进行专业化协作，形成经营联盟，联盟内部的产品、原料流通等成本都会大大降低。在这种投资策略下，企业控制权不会改变，而且能迅速集中优势，在市场上击败对手。但同时，企业管理层所要承担的财务风险也较高，不适用于规模较大的企业。

1.签订合约，保证协作专业化

专业化协作通常产生于企业与周边产业进行合作的过程中，例如，零部件供应商与生产商、养殖企业与农产品加工企业等。作为一种存在于企业之间的隐形融资，专业化协作在全球范围内皆适用，各种规模的企业都可以利用这种方式扩大生产规模。

在传统的融资方式下，企业借助获取的资金扩大自身生产规模。在专业化协作型融资方式下，企业借助合作企业的生产能力实现扩大再生产，这一融资方式尤其适合那些加工组装企业。若采用传统的融资方式，再优质的项目也需要经过长时间的基础建设后才能投入生产。经过漫长的准备期，市场很可能已经趋于饱和。但专业化协作型融资则可以节省相应的基础建设和融资等待时间，具有极强的优越性。

专业化协作型融资要求企业打造与周边产业合作的网络，在此基础上展开生产、经营活动。进入合作网络的企业，都需要遵守相应的行为准则，从而保证各方的生产、经营活动的顺利开展，实现预期融资目标。因此，除了产品生产外，这种综合性合作圈还可能会关系到产品的研发、仓储、物流、营销等方面，这也使得参与合作的企业必须严谨地履行行为准则及自身承诺。

2.增资扩股，与其他企业结盟经营

增资扩股型融资即企业通过股东投资、增发股票及债券、向社会募集资金等方法扩大企业的总股本，从而获取相应的资金。按照资金来源，我们可以将其分为外源融资和内源融资。

增资扩股的优点在于能为企业筹集大量自有资本，不仅不会降低企业还款的能力，还能使企业直接获取设备及先进技术，显著扩大企业规模，迅速提升企业的生产能力。企业会按照经营情况向投资人支付报酬，这种支付方式十分灵活，不会给企业带来支付压力，能有效降低企业的财务风险。

增资扩股型融资的不足也十分明显。由于投资人要分享企业收益，因此会给企业带来较大的潜在资金成本，尤其是在企业盈利能力强、经营情况好的情况下。不仅如此，投资人还可能要求获得部分经营权，这会对企业经营产生较大的影响。因此，创业者要结合企业情况，酌情选择合适的融资方式。

15.8 初创企业依靠投资获得巨额回报

聚美优品的创始人陈欧曾依靠投资人徐小平的投资获得了巨额回报，聚美优品一跃成为知名电商平台，各大品牌纷纷与其签订合作协议。而徐小平也因此获得了数千倍的回报。

2006年底，陈欧为新加坡创业项目游戏对战平台Garena寻找投资人的时候，他的斯坦福校友、兰亭集势创始人郭去疾把他引荐给徐小平。徐小平立即决定投资50万美元，占股10%，但条件是陈欧放弃斯坦福的学业，全力创业。迫于父母的压力，陈欧选择了继续读书，没有接受徐小平的投资。

两年后，陈欧从斯坦福大学深造回来，又一次遇到徐小平。陈欧简单地介绍了自己的游戏广告项目后，徐小平没有任何疑问，就向陈欧的项目投资了18万美元，甚至将自己在海淀黄庄的房子低价租给陈欧作为办公场地。

获得徐小平的投资后，陈欧说："天使投资人投笔钱会显得更加光鲜，用自己的钱创业，别人会觉得你可能是找不到工作，也没啥家底，拿天使投资人的钱是一个放大器，后面找A轮会容易一点。"可见，陈欧找徐小平投资，更多的是看中对方的名气。

随着创业项目深入开展，陈欧发现线上化妆品行业是一个不错的发展方向，还不存在权威性的企业。陈欧表示，化妆品产品市场开发的3个可行条件是：第一，电子商务在中国的快速发展；第二，生活质量的提高使得人们开始注重护肤，但是随着化妆品需求量的增大，市场上并没有出现一个信誉度高的化妆品网站；第三，为女性服务的行业性质减少了行业竞争，对自己有利。

由于公司的流动资金只有几十万元，因此陈欧在开展游戏广告业务的同时上线了团美网（聚美优品前身）。团美网正品平价的形象通过口碑相传，在短期内发展迅速，而后更名为聚美优品。随后，在徐小平的支持下，陈欧将之前的游戏广告业务全部停掉，专注于聚美优品的发展，徐小平再次投资200万美元。

陈欧能够找到天使投资人是极其幸运的。如果没有徐小平，可能就没有聚美优品。而没有聚美优品，徐小平也将会错失他投资生涯中较为成功的一个项目。可以说，好的初创企业与投资人是互相成就的。

第**16**章　上市：永恒不变的创业终极目标

上市几乎是所有创业企业的终极目标。上市是指企业将自身的所有资本等额划分为股票，经过申报、审批等一系列流程后在市场上合法流通。而IPO（首次公开募股）可以让企业在发行股票的同时进行融资，它是上市的标志，也代表了企业新的开始。

16.1　上市前的机构安排

一般来说，如果企业有上市的需求，就需要聘请四大中介机构——证券机构（券商）、会计师事务所、资产评估机构、律师事务所，对企业上市进行协助。各中介机构的相关情况如下页表所示。

在聘请中介机构时，企业一定要避免走入以下几个误区。

（1）不同中介机构之间的差异性不大，都可以承接IPO业务。为了尽快上市，企业应该先与券商合作，由券商选择合适的其他中介机构。如果

各中介机构的相关情况

中介机构	从业资格	签字人员资格	工作内容
证券机构（券商）	保荐机构资格	保荐代表人	总体把控、协助融资、上市辅导、材料申报、股票承销
会计师事务所	证券、期货相关资格	注册会计师	出具审计报告、验证上市资格、协助财务规范
资产评估机构	证券业评估资格	注册资产评估师	股权分置改革评估、并购重组评估
律师事务所	—	律师	出具法律意见书、协助法律规范

企业自己选择其他中介机构，不仅工作量比较大，还容易出现协调困难、上市搁浅等情况。我国有诸多券商，只要其具备保荐机构资格，企业就可以考虑。

（2）当年的下半年聘请中介机构，第二年申报材料。企业需要在4月之前聘请中介机构，这样可以留给中介机构一些时间去进行尽职调查与审计工作。在5月底之前，中介机构可以协助企业完成申报期限第1年的所得税汇算清缴，从而确保上市进程不受影响。

（3）中介机构是乙方，需要按照企业的要求去做。在上市的过程中，企业是甲方，中介机构是乙方。但是上市的专业度非常高，很多细节是企业难以注意和察觉到的，而且当出现问题时，企业也无法以最快的速度给出妥善的解决措施。因此，在很多事情上，中介机构不能，也无法完全按照企业的要求去做，而是只能参考企业的建议。

因为上市往往需要企业和各中介机构共同努力，所以各方要进行良好合作，尤其是券商与律师事务所、会计师事务所之间。在上市时，中介机构的费用也是企业需要考虑的，具体的费用通常由双方协商确定。

16.2　盘点3大主流上市方式

当今时代，企业上市主要有以下3种方式。

1.境内上市

境内上市企业的市盈率大多为30～40倍，发行市盈率长期高于其他市场交易的同行业股票市盈率。可以说，能让上市企业发行同样的股份融到更多的钱是境内上市的核心优势。

股票发行共有3种制度，分别是审批制、注册制和核准制。通道制、保荐制也属于核准制。

审批制是股票市场发展初期采用的股票发行制度，主要使用行政和计划的方式分配股票发行的指标和额度，然后由地方或者行业主管部门推荐企业发行股票。审批制对于维护上市企业的稳定和平衡复杂的社会经济关系有重要意义。

注册制是股票市场相对成熟时采用的股票发行制度。证券监管部门首先将股票发行的必要条件公布出来。如果企业满足了所公布的条件，就可以申请发行股票。发行人申请发行股票时，需要依法将公开的各种资料完全准确地向证券监管机构申报。证券监管机构承担监管职责，对申报文件的完整性、准确性、真实性和及时性做合规审查。

核准制是审批制向注册制过渡的一种中间形式。核准制取消了审批制的指标和额度管理，引入证券中介机构，让证券中介机构判断企业是否达到发行股票的条件。证券监管机构需要对发行企业的营业性质、财力、素质、发展前景、发行数量和发行价格等条件进行实质性审查，有权否决发行企业发行股票的申请。

A股的正式名称为"人民币普通股票"，是指中国境内企业发行的供境内机构、个人以及境内居住的港澳台居民以人民币认购和交易的普通股股票。

与A股相对而言，B股是指人民币特种股票，又称"境内上市外资股"。它由中国境内企业发行，以人民币标明面值，以外币（在上海证券交易所以美元，在深圳证券交易所以港币）认购和买卖。

企业境内上市主要在3大证券交易所申请，分别是上海证券交易所、深圳证券交易所和北京证券交易所。

2.直接境外上市

直接境外上市是指中国企业以境内股份有限企业的名义向境外证券主管部门申请登记注册、发行股票，并向当地证券交易所申请挂牌上市交易，包括以下3种形式。

（1）H股也叫作"国企股"，是指那些在香港上市的外资股。由于香港一词的英文为"HongKong"，首字母为"H"，所以得名H股。H股为实物股票，采用"T+0"交割制度，涨跌幅无限制。在内地，个人投资者不能直接投资H股，只有机构投资者才能够投资H股。

（2）N股是指那些在美国纽约证券交易所上市的外资股，取纽约的英文单词"New York"的第一个字母"N"作为名称。

（3）S股是指那些在新加坡证券交易所上市的外资股。在新加坡上市的企业以制造企业和高科技企业为主。

3.境外借壳上市

境外借壳上市包括两种模式：一是境外买壳上市，二是境外造壳上市。两种模式的本质都是将境内企业的资产注入壳企业，达到国内资产上市的目的。

（1）境外买壳上市行为中有两个主体，一个是境内企业，另一个海外上市企业。首先，境内企业需要找到合适的海外上市企业作为壳企业。其次，境内企业完成对海外上市壳企业的注资，获得其部分或全部股权。这样境内企业就实现了海外间接上市的目的。

（2）境外造壳上市是指境内企业在境外证券交易所所在地或其他允许的国家与地区开一家企业，境内企业以外商控股企业的名义将相应比例的权益及利润并入海外企业，以达到境外上市目的。境内企业一般在香港、百慕大、开曼、库克、英属处女群岛等地区注册境外企业。

16.3　上市流程：5大步骤缺一不可

企业上市流程可以分为以下5步。

1.设立股份有限公司

我国公司分为有限责任公司和股份有限公司两种，只有股份有限公司具备上市的基础条件。在进行改制之前，企业需要做一些准备工作，包括组建上市工作小组、选择中介机构、尽职调查、制定上市工作方案等。

上市工作小组一般由董事长任组长，由董事会秘书、企业财务负责人、办公室主任、相关政府人员作为组员。上市工作小组组建完成后，就需要选择相关的中介机构。

企业上市需要找4个中介机构合作，包括证券机构（保荐机构/主承销商）、会计师事务所、律师事务所以及资产评估机构。

2.上市辅导

按照中国证监会的有关规定，拟上市企业在向中国证监会提出上市申请前，均须由具有主承销资格的证券机构进行辅导，辅导期限至少3个月。

在上市辅导过程中，证券机构会在尽职调查的基础上根据上市相关法律法规确定辅导内容。辅导内容主要包括以下几个方面。

（1）核查股份有限公司的合法性与有效性。

（2）核查股份有限公司人事、财务、资产及供产销系统独立完整性。

（3）组织企业董事、监事、高级管理人员及持有5%以上（包括5%）股份的股东进行上市规范运作和其他证券基础知识的学习、培训和考试，督促其增强法制观念和诚信意识。

（4）监督建立健全企业的组织机构、财务会计制度、企业决策制度和内部控制制度以及符合上市要求的信息披露制度，实现有效运作。

（5）规范股份有限公司和控股股东及其他关联方的关系。

（6）帮助拟上市企业制订业务发展目标和未来发展计划，制定有效、可行的募股资金投向及其他投资项目规划。

（7）帮助拟上市企业开展首次公开发行股票的相关工作。

拟上市企业接受上市辅导的一般程序如下页图所示。

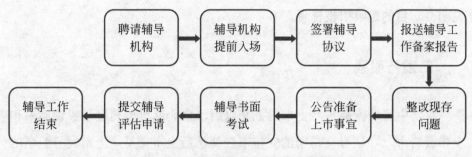

拟上市企业接受上市辅导的一般程序

3. 筹备与申报

　　根据中国证监会发布的《公开发行证券的企业信息披露内容与格式准则第29号——首次公开发行股票并在创业板上市申请文件》，申请创业板上市需要提交的文件有招股说明书与发行公告、发行人关于本次发行的申请及授权文件、保荐人和证券服务机构文件、会计师关于本次发行的文件、发行人律师关于本次发行的文件、发行人的设立文件、关于本次发行募集资金运用的文件、与财务会计资料相关的其他文件等。

　　如果中国证监会最终做出核准决定，意味着企业获得了上市资格。反之，申请上市失败，中国证监会将出具书面意见并说明不予核准的理由。上市申请不予核准的企业可以在接到中国证监会书面决定之日起两个月内提出复议申请。中国证监会收到复议申请后两个月内重新做出决定。

4. 促销与发行

　　刊登招股说明书以后，拟上市企业与其保荐机构需要开展询价路演活动，通过向机构投资者询价的方式确定股票的最终发行价格。

　　在询价期间，拟上市企业会通过路演活动对股票进行推广。通俗来讲，路演是指公开发行股票的企业通过公开的方式向社会推介自己股票的说明会，目的是吸引投资者。

5.发行股票

拿到中国证监会核准上市的批文以后，企业就可以刊登招股说明书和上市公告书，在证券交易所的安排下挂牌然后上市交易。上市发行股票的流程如下表所示。

上市发行股票流程

时间	项目
T-7日	领取核准批文
T-6日	披露招股意向书
T-5至T-3日	线下初步询价
T-1日	披露发行公告
T日	网上网下定价发行
T+3至T+5日	募集资金到账，办理股份登记，申请上市
T至T+5日	上市委员会审核
L-1天	刊登上市公告书
L日	股票上市

T日为发行日，L日为股票上市日。一般情况下，L日介于T+6至T+10之间，全部发行、上市工作在3～4周内完成。发行人可以根据需要适当延长网下询价时间，但应于T-3日截止。

16.4 上市被否，究竟是什么原因

拟上市企业的上市被否主要有以下3种原因：财务指标有异常、信息披露有瑕疵、独立性存在疑问。

1.财务指标有异常

财务会计数据是拟上市企业披露的基础性信息，必须真实、准确、完整。《首次公开发行股票注册管理办法》第十一条第一款规定："发行人会计基础工作规范，财务报表的编制和披露符合企业会计准则和相关信息披露规则的规定，在所有重大方面公允地反映了发行人的财务状况、经营成果和现金流量，最近三年财务会计报告由注册会计师出具无保留意见的审计报告。"

分析近年来拟上市企业上市被否的情况可知，因为销售毛利率异常、经营活动净现金流与净利润差异明显，而导致上市被否的企业非常多。

2.信息披露有瑕疵

上市对企业的持续盈利能力要求有所降低，但是对信息披露的准确性和完整性要求越来越高。信息披露问题主要表现在不清楚、不准确、不完整、存在重大遗漏或诱导性陈述4个方面。

例如，一家拟上市企业使用的商标与此前自身已经注册的商标非常相像，但是没有在招股说明书中和现场陈述时说明两者之间的关联关系，因此中国证监会否决了其上市申请。

3.独立性存在疑问

独立性存在疑问是拟上市企业上市被否的另一个重要原因。关联交易、同业竞争等都会导致独立性问题。由于独立性是影响企业持续盈利能力的最核心因素，因此中国证监会将企业独立性作为审查重点。

独立性问题一般分为两种：一种是对内独立性不足，另一种是对外独立性不足。对内独立性不足表现为企业对独立股东的依赖，发生资金占有、企业治理结构不健康、产生关联交易、同业竞争等问题。

对外独立性不足表现为对其他企业的依赖，包括在商标、技术、客户、业务或市场方面对其他企业的严重依赖。如果对其他企业严重依赖，企业会处于被动地位，持续盈利能力难以保证。

16.5 信息披露的内容与原则

信息披露的主要内容包括以下4种。

1.业绩快报

根据全国股转系统官网公布的《挂牌公司信息披露及会计业务问答——业绩预告、业绩快报与签字注册会计师定期轮换》的公告，业绩快报适用于在年度报告正式披露前，预计年度业绩无法保密，或预约在会计年度次年4月披露年度报告的创新层挂牌公司。

2.定期报告

定期报告包括年度报告、半年度报告和季度报告。

根据《中华人民共和国证券法》（以下简称《证券法》）规定，上市公司和公司债券上市交易的公司，应当在每一会计年度的上半年结束之日起2个月内，向国务院证券监督管理机构和证券交易所报送中期报告，并予公告。

上市公司和公司债券上市交易的公司，应当在每一会计年度结束之日起4个月内，向国务院证券监督管理机构和证券交易所报送年度报告，并予公告。

3.业绩预告

《挂牌公司信息披露及会计业务问答——业绩预告、业绩快报与签字注册会计师定期轮换》的公告，业绩预告适用于在年度报告正式披露前，预计上一会计年度净利润发生重大变化的，或在下半年度，预计当期年度净利润将发生重大变化的创新层挂牌公司。

4.临时报告

根据《证券法》规定，发生可能对上市公司股票交易价格产生较大影响的重大事件，投资人尚未得知时，上市公司应当立即将有关该重大事件的情况向国务院证券监督管理机构和证券交易所报送临时报告，并予公告，说明事件的起因、目前的状态和可能产生的法律后果。

信息披露主要遵循以下4种原则。

1.真实性：拒绝虚假记载及陈述

根据《上市公司信息披露管理办法》，真实性是指上市公司及相关信息披露义务人的信息应当以客观事实或者具有事实基础的判断和意见为依据，如实反映客观情况，不得有虚假记载或不实陈述。

《证券法》第七十八条第二款明确要求，"信息披露义务人披露的信息，应当真实、准确、完整，简明清晰，通俗易懂，不得有虚假记载、误导性陈述或者重大遗漏。"

2.准确性：不得夸大和误导

根据《上市公司信息披露管理办法》，准确性是指上市公司及相关信息披露义务人披露的信息应当使用明确、贴切的语言和简明扼要、通俗易懂的文字，引用的财务报告、盈利预测报告应由具有证券期货相关业务资格的会计师事务所审计或审核，引用的数据应当提供资料来源，事实应充分、客观、公正，不得含有任何宣传、广告、恭维或者夸大等性质的词句，不得有误导性陈述。

3.完整性：文件齐备，格式符合规定

根据《上市公司信息披露管理办法》，完整性是指上市公司及相关信息披露义务人披露的信息应当内容完整、文件齐备，格式符合规定，不得有重大遗漏、忽略和隐瞒。

4.及时性：不得超过规定期限

根据《上市公司信息披露管理办法》，及时性是指上市公司及相关信息披露义务人应当在规定的期限内披露所有对公司股票及其衍生品种交易价格可能产生较大影响的信息。

及时性包含两个方面：一是定期报告的法定期间不能超越；二是重要事实的及时报告制度，当原有信息发生实质性变化时，信息披露义务人应及时更改和补充，使投资人获得真实有效的信息。

信息披露的及时性直接影响企业的发展，企业信息披露如果不及时就会造成企业的信息不对称，从而影响企业的经营。

16.6　警惕内幕交易

内幕交易是指知晓企业股票相关信息的内部人员与外部人员串通所做出的有损广大股东利益和证券市场公平性的行为。

通常情况下，证监会将综合考察3个要素，即内幕交易的主体、内幕信息和内幕交易的行为。若某种行为同时满足以上3个要素，则极有可能构成内幕交易。

1.内幕交易的主体

实际上，只有那些知悉内幕的人员，才有机会进行内幕交易。《证券法》第五十条明确规定："禁止证券交易内幕信息的知情人和非法获取内幕信息的人利用内幕信息从事证券交易活动。"

其中，非法获取内幕信息的人并没有特定的范围，凡利用非法手段获取内幕信息的人均包含在内。知情人则恰恰相反，他们可以通过职务、亲缘关系等方式获取内幕信息。《证券法》第五十一条对知情人的范围做出了进一步规定。

2.内幕信息

内幕信息是评判内幕交易行为的基础。《证券法》第五十二条明确规定："证券交易活动中，涉及发行人的经营、财务或者对该发行人证券的市场价格有重大影响的尚未公开的信息，为内幕信息。"

此外，《证券法》第八十条第二款、第八十一条第二款，也明确列出属于内幕信息的重大事件。

3. 内幕交易的行为

内幕交易的评判最终以交易行为作为落脚点，毕竟在知悉内幕信息后，交易主体还需要付诸行动才能构成内幕交易。内幕交易行为主要有自行买卖、建议他人买卖、泄露信息3种类型。

我们不要盲目相信内幕信息，证监会一直严厉打击内幕交易，进行内幕交易不仅会被处以罚款，情节严重者可能面临刑罚。

16.7　一宗内幕交易案，多人受罚

虽然证监会三令五申禁止内幕交易，但仍有人为了眼前利益铤而走险。例如，2020年11月，北京某集团部门经理周某因涉嫌内幕交易被判处3年有期徒刑，其好友李某也因此罪名被判处5年3个月的有期徒刑，二人共计缴纳罚金80余万元。

消息一出，周某和李某的亲友一片哗然。在他们看来，二人事业有成，年轻有为，都是高才生，怎么会和违法犯罪的事情有关呢？

周某硕士毕业后进入北京一家集团资本运作部工作，工作不到一年，就因出色的业务能力晋升为部门经理，负责该集团的一项重大资产重组方案策划，参与了策划方案的起草、制定等全流程。

周某在与好友李某聚餐过程中无意提起此事，引起了李某的注意。李某认为，这是绝佳的赚钱机会，他向周某讲了自己的计划，并对周某表示，计划一旦成功，他们二人就能迅速获得千万财富，比兢兢业业地工作要划算得多。

于是聚餐后一周内，周某多次向李某透露相关内幕消息。一周后，李某向其弟弟账户内转入600万元，通过该账户购买了周某公司60万股股票。截至2020年5月，李某的累计成交金额高达1400万元，获取非法利润25万余元。

经过证监会和法院的审查，周某的确利用自己的身份在信息敏感期内向李某提供相关内幕信息，且李某多次购买该企业股票的决策与此相关，交易明显存在异常。综上所述，李某与周某涉嫌股票内幕交易罪名成立。

如果周某恪守制度章程，遵守相关法律法规，不在信息敏感期内向好友透露内幕消息，李某不对眼前利益动起歪心思，二人依旧是众人眼中年轻有为的好青年。经此一事，周某和李某在金融行业的职业生涯被彻底断送，自毁大好前程。这个案例告诫我们，在证券市场中一定要遵纪守法，切不可以身试法，以致身陷囹圄。